Duch, Duše a Tělo I

Příběh záhadného hledání vlastního „já“

Duch, Duše a Tělo I

Dr. Jaerock Lee

Duch, Duše a Tělo I: Dr. Jaerock Lee
Vydavatelství Urim Books (Zástupce: Kyungtae Noh)
73, Yeouidaebang-ro 22-gil, Dongjak-gu, Seoul, Korea
www.urimbooks.com

ISBN: 979-11-263-0276-5 04230
ISBN: 979-11-263-0275-8 (set)

Předtím vydáno v roce 2009 v korejštině vydavatelstvím Urim Books

První vydání dubnu 2017

Úpravy: Dr. Geumsun Vin
Vnější úprava: Vydavatelství Urim Books
Více informací získáte na: urimbook@hotmail.com

Úvod

Lidé chtějí být obvykle úspěšní a žít šťastným a spokojeným životem. Třebaže však mají peníze, moc a slávu, nikdo z nich nemůže uniknout smrti. Shi Huangdi, první císař starověké Číny, hledal elixír života, ale ani on se nevyhnul smrti. V Bibli nás však Bůh učí o způsobu, jak získat život, který je věčný. Tento život proudí skrze Ježíše Krista.

Od chvíle, kdy jsem přijal Ježíše Krista a začal číst Bibli, jsem se začal modlit za to, abych do hloubky pochopil Boží srdce. Po sedmi letech nesčetných modliteb a období půstu mi Bůh odpověděl. Potom, co jsem založil církev, mi Bůh vyložil mnoho obtížných pasáží v Bibli prostřednictvím inspirace Duchem svatým, z nichž jedna je podrobným souhrnem témat týkajících se ‚Ducha, Duše a Těla'. Toto je záhadný příběh, který nám dává porozumět původu člověka a umožňuje nám, abychom porozuměli sami sobě. Je to popis toho, co jsem nemohl slyšet nikde jinde a je to pro mě veliká radost, která přesahuje veškeré představy.

Když jsem pronášel tato poselství o duchu, duši a těle,

vyvolalo to v Koreji i v zahraničí veliké odezvy a mnohá svědectví. Mnozí říkají, že si uvědomili vlastní já, porozuměli tomu, jakými bytostmi jsou a dostali odpovědi na mnoho obtížných pasáží v Bibli, stejně jako pochopili způsoby vedoucí k tomu, jak získat opravdový život. Někteří z těchto lidí říkají, že nyní mají za cíl stát se člověkem ducha a účastnit se božské přirozenosti. Usilují toho dosáhnout, jak je zaznamenáno ve 2. listu Petrově, kde čteme: *„Tím nám daroval vzácná a převeliká zaslíbení, abyste se tak stali účastnými božské přirozenosti a unikli zhoubě, do níž svět žene jeho zvrácená touha.“*

Kniha *Umění Války* autora Sun Tzu říká, že pokud znáte sami sebe a svého nepřítele, nikdy neprohrajete žádnou bitvu. Poselství o „Duchu, Duši a Těle“ házejí světlo na hluboko skrytou část našeho ‚já‘ a učí nás o původu člověka. Jakmile se o tomto poselství dozvíme a důkladně ho pochopíme, budeme rovněž moci porozumět jakémukoliv člověku. Také se naučíme, jakými způsoby porazit síly temnoty, které na nás působí, a tak budeme moci vést vítězný křesťanský život.

Proto chci poděkovat Geumsun Vin, ředitelce redakční kanceláře a všem jejím pracovníkům, kteří se obětavě podíleli na vydání této knihy. Doufám, že se vám bude dařit ve všech věcech a že budete zdraví – tak jako se bude dobře dařit vaší duši a kromě toho se budete účastnit božské přirozenosti.

Červen 2009,

Jaerock Lee

Počátek cesty ducha, duše a těla

„Sám Bůh pokoje nechť vás cele posvětí a zachová vašeho ducha, duši i tělo bez úrazu a poskvrny do příchodu našeho Pána Ježíše Krista“ (1 Tesalonickým 5:23).

Teologové diskutují o základních prvcích, které tvoří lidské bytosti, přičemž tu je dichotomická teorie a trichotomická teorie. Dichotomická teorie říká, že člověk se skládá ze dvou částí: ducha a těla, zatímco trichotomická teorie říká, že existují tři části: duch, duše a tělo. Tato kniha vychází z trichotomické teorie.

Obvykle lze poznání rozdělit na poznání Boha a poznání člověka. Při našem životě na této zemi je pro nás velmi důležité dospět k poznání Boha. Když porozumíme Božímu srdci a budeme následovat Boží vůli, můžeme vést úspěšný život a co víc, získat věčný život.

Lidé byli stvořeni podle Božího obrazu a nemohou žít bez Boha. Bez Boha lidé ani nemohou jasně porozumět svému původu. Odpovědi na otázky okolo původu člověka můžeme dostat pouze tehdy, když víme, kdo je Bůh.

Duch, duše a tělo patří do oblasti, které nemůžeme porozumět pouze za pomoci lidského poznání, moudrosti a z lidských sil.

Je to oblast, se kterou nás může obeznámit jedině Bůh, který rozumí původu člověka. Jde o stejnou úvahu, jako že ten, kdo sestaví počítač, má profesionální znalosti o struktuře a principech počítačů, a tak je to právě on, kdo umí vyřešit jakýkoliv problém spojený s fungováním počítače. Tato kniha je plná duchovního poznání čtvrtého rozměru, které nám poskytuje jasné odpovědi na otázky ohledně ducha, duše a těla.

Osobité věci,
které se čtenář může z této knihy dozvědět,
zahrnují následující:

1. Prostřednictvím duchovního porozumění duchu, duši a tělu, které jsou složkami člověka, mohou čtenáři nahlédnout do svého ‚já' a získat vhled na život samotný.

2. Mohou dojít k plnému sebeuvědomění týkajicího se toho, kým vlastně jsou a jaký druh ‚já' si vytvořili. Tato kniha ukazuje čtenářům způsob, jak si uvědomit sebe sama, jak řekl apoštol Pavel v 1 Korintským 15:31: *„Den ze dne hledím smrti do tváře"* a jak dosáhnout svatosti a stát se člověkem ducha, po kterém Bůh touží.

3. Vyhnout se tomu, abychom byli chyceni do pasti nepřítelem ďáblem a satanem a získat moc porazit temnotu můžeme jen tehdy, když pochopíme sami sebe. Jak řekl Ježíš: *„Jestliže Bůh ty, jichž se týká toto slovo, nazval bohy – a Písmo musí platit"* (Jan 10:35), tato kniha ukazuje čtenářům zkratku k tomu, aby se mohli účastnit božské přirozenosti a obdrželi všechna požehnání, která nám Bůh zaslíbil.

Obsah

Duch, Duše a Tělo II

Obsah

Duch, Duše a Tělo I

Část 1

Utvoření těla

Jaký je původ člověka?
Odkud jsme přišli a kam směřujeme?

Tys to byl, kdo utvořil mé ledví,
v životě mé matky jsi mě utkal.
Tobě vzdávám chválu za činy,
jež budí bázeň: podivuhodně jsem utvořen,
obdivuhodné jsou tvé skutky,
toho jsem si plně vědom.
Tobě nezůstala skryta jediná z mých kostí,
když jsem byl v skrytosti tvořen
a hněten v nejhlubších útrobách země.
Tvé oči mě viděly v zárodku,
všechno bylo zapsáno v tvé knize:
dny tak, jak se vytvářely,
dřív než jediný z nich nastal.
- Žalm 139:13-16

Kapitola 1

Koncept těla

Tělo člověka, které se časem navrací v hrstku prachu; všechno jídlo, které člověk jí; všechny věci, které člověk vidí, slyší a těší se z nich; a všechno, co vytvoří – všechno to jsou příklady ‚těla'.

- Co je tělo?

- Pokud lidé zůstávají v těle, jsou bezcenní a bez jakékoliv hodnoty

- Všechny věci ve vesmíru mají různé dimenze

- Vyšší dimenze si podmaňují nižší dimenze a uplatňují nad nimi vládu

Po celou dobu historie lidstva lidé hledají odpověď na otázku: ‚Co je člověk?' Odpověď na tuto otázku nám poskytne odpovědi na další otázky typu „Jaký smysl má to, že žijeme?" a „Jak máme žít své životy?" Studie, průzkumy a hloubání nad existencí člověka se do značné míry odehrávají v oblastech filozofie a náboženství. Není však vůbec snadné nalézt jasnou a výstižnou odpověď.

Nicméně, lidé se opakovaně a bez ustání pokoušejí nalézt odpověď podporující otázky typu „Jaká bytost je člověk?" a „Kdo jsem já?" Takové otázky se pokládají, protože se odpověď na ně může dost dobře stát klíčem k vyřešení základních problémů lidské existence. Studie tohoto světa nemohou dát na takové otázky jasnou odpověď, ale Bůh ano. On stvořil vesmír a všechny věci v něm a on stvořil člověka. Boží odpověď je správná odpověď. Klíč k takovýmto otázkám můžeme nalézt v Bibli, která je Božím slovem.

Teoretici obvykle člení části, ze kterých se člověk skládá, do dvou kategorií, na lidského ‚ducha' a lidské ‚tělo'. Část tvořící duševní aspekty je zařazena jako ‚duch' a část složená z viditelných, fyzických aspektů se nazývá ‚tělo'. Bible však člení skladbu člověka na tři části: ducha, duši a tělo.

V 1 Tesalonickým 5:23 čteme: „*Sám Bůh pokoje nechť vás cele posvětí a zachová vašeho ducha, duši i tělo bez úrazu a poskvrny do příchodu našeho Pána Ježíše Krista.*"

Duch a duše nejsou ty stejné věci. Nejde o to, že jsou rozdílné pouze názvy, ale mají odlišnou podstatu. Abychom porozuměli tomu, co je ‚člověk', musíme se dozvědět, co je tělo, duše a duch.

Co je tělo?

Pojďme vzít nejprve do úvahy slovníkovou definici slova ‚tělo'. Merriam-Websterův slovník (The Merriam-Webster Online Dictionary) říká, že tělo jsou: „měkké části živočicha a obzvláště obratlovce; *především*: části složené hlavně z kosterních svalů tedy rozeznatelné od vnitřních orgánů, kostí a pokryvu těla." Může se to rovněž vztahovat na jedlé části živočicha. Abychom však porozuměli, na co se ‚tělo' vztahuje biblicky, musíme pochopit spíše jeho duchovní význam než definici ve slovníku.

Bible používá slovo ‚tělo' velmi často. Ve většině případů má duchovní význam. V duchovním významu je tělo obecný termín pro věci, které pomíjejí, podléhají změně a nakonec časem zmizí. Jde také o věci, které jsou špinavé a nečisté. Stromy, které mají zelené listí, jednoho dne uschnou a zemřou a mají větve a kmeny, které se mohou stát palivovým dřívím. Stromy, rostliny a všechny věci v přírodě v průběhu času zahynou, rozloží se a zmizí. Tudíž jsou všechny tělem.

Ale co člověk, pán všeho stvoření? Dnes máme na světě 7 miliard lidí. I v této chvíli se neustále na jednom místě zeměkoule rodí děti a na druhém místě lidé nepřetržitě umírají. Když zemřou, jejich tělesné schránky se navrátí zpět v hrstku prachu a oni jsou rovněž tělem. Kromě toho, snězené jídlo, jazyky, kterými mluvíme, abecedy, které zaznamenávají naše myšlenky a vědecké a technologické civilizace, které lidé potřebují k životu, jsou také tělem. Postupem času pomíjejí, mění se a vymírají. Proto všechno na této zemi, co můžeme vidět a všechny věci ve vesmíru, jak je známe, jsou ‚tělo'.

Lidé, kteří se odchýlili od Boha, jsou tělesné bytosti. To, co dělají, je také ‚tělo'. Co tělesní lidé vyvíjejí a vyhledávají? Vyhledávají pouze žádostivost těla, žádostivost očí a vychloubačnou pýchu života. I civilizace, které člověk vyvinul, mají uspokojit pět lidských smyslů. Budou vyhledávat potěšení a naplňovat svou tělesnou žádostivost a touhy. Jak plyne čas, lidé stoupající měrou vyhledávají smyslnější a provokativnější věci. Čím více se civilizace rozvíjí, tím chlípnější a zkaženější lidé jsou.

Zatímco existuje viditelné ‚tělo', existuje také neviditelné ‚tělo'. Bible říká, že nenávist, hádky, závist, vražda, cizoložství a všechny přirozenosti, kterou jsou spojené s hříchem, jsou tělo. Zrovna jako existuje vůně květin, vzduch a vítr, i když jsou neviditelné, existují rovněž neviditelné hříšné vlastnosti v srdci člověka. Ty všechny jsou také ‚tělo'. Proto je tělo obecný termín pro všechny věci ve vesmíru, které pomíjejí a časem se mění a pro všechny nepravdy jako hříchy, zlo, nepravosti a zločinnost.

Římanům 8:8 říká: „*Ti, kdo žijí jen z vlastních sil, nemohou se líbit Bohu.*“ Jestliže ‚z vlastních sil‘ v tomto verši jednoduše odkazuje na fyzické tělo člověka, znamená to, že žádná lidská bytost se nikdy nemůže Bohu líbit. Tudíž to musí mít jiný význam.

Ježíš také v Janovi 3:6 řekl: „*Co se narodilo z těla, je tělo, co se narodilo z Ducha, je duch,*“ a v Janovi 6:63: „*Co dává život, je Duch, tělo samo nic neznamená. Slova, která jsem k vám mluvil, jsou Duch a jsou život.*“ ‚Tělo‘ se zde také vztahuje na věci, které pomíjejí a podléhají změně a to je důvod, proč Ježíš řekl, že samo nic neznamená.

Pokud lidé zůstávají v těle, jsou bezcenní a bez jakékoliv hodnoty

Na rozdíl od zvířat lidé hledají určité hodnoty založené na jejich emocích a myšlenkách. Ale ty nejsou věčné a tudíž jsou všechny také tělem. Věci, které lidé pokládají za cenné jako bohatství, slávu a vědění, jsou rovněž bezvýznamné věci, které brzy pominou. A co třeba cit zvaný ‚láska‘? Když spolu dva lidé chodí na milostné schůzky, mohou říct, že bez sebe nedokážou žít. Mnoho z těchto párů však po uzavření manželství změní názor. Snadno se rozzlobí a nechají něčím otrávit. Dokonce i zuří jen proto, že se jim něco nelíbí. Všechny tyto změny pocitů jsou také tělem. Zůstanou-li lidé v těle, neliší se tolik od zvířat či rostlin. Z Božího pohledu jsou všechny věci jenom tělem, které zhyne a zmizí.

1 Petrův 1:24: „*Neboť ‚všichni lidé jsou jako tráva a všechna jejich krása jako květ trávy. Uschne tráva, květ opadne*'" a list Jakubův 4:14 říká: „*Vy přece nevíte, co bude zítra! Co je váš život? Jste jako pára, která se na okamžik ukáže a potom zmizí!*"

Tělo a všechny myšlenky člověka jsou všechno bezvýznamné věci, protože se odchýlily od Slova Boha, který je duchem. Král Šalomoun si užíval všemožných poct a nádhery, kterých si jen člověk na této zemi může užívat, ale uvědomil si bezvýznamnost těla a řekl: „*‚Pomíjivost, samá pomíjivost,'... ‚pomíjivost, samá pomíjivost, všechno pomíjí!' Jaký užitek má člověk ze všeho svého pachtění, z toho, jak se pod sluncem pachtí?*" (Kazatel 1:2-3)

Všechny věci ve vesmíru mají různé dimenze

Dimenze ve fyzice nebo matematice je určena jednou ze tří souřadnic určujících pozici v prostoru. Bod na přímce má jednu souřadnici a je jednorozměrný. Bod na rovině má dvě souřadnice a je dvojrozměrný. Stejně tak bod v prostoru má tři souřadnice a je trojrozměrný.

Vyjádřeno pomocí fyziky je prostor, ve kterém žijeme, trojrozměrný svět. V hlubší části fyziky je pokládán za čtvrtý rozměr čas. Toto jsou znalosti o dimenzích ve vědě.

Z pohledu ducha, duše a těla lze však dimenzi obecně rozdělit na fyzickou dimenzi a duchovní dimenzi. Fyzická dimenze se znovu člení od ‚bezrozměrné' po ‚trojrozměrnou'. Za prvé, termín bezrozměrný odkazuje na věci, které nemají život. Do této kategorie patří skály, půda, voda a kovy. Všechny živé věci patří do jednorozměrné, dvojrozměrné nebo trojrozměrné kategorie.

Jednorozměrná kategorie se týká věcí, které jsou živé a dýchají, ale nemohou se pohybovat, takže nemají fungující mobilitu. Tato dimenze zahrnuje květiny, trávu, stromy a jiné rostliny. Mají tělo, ale nevlastní duši a ducha.

Dvojrozměrná kategorie se týká věcí, které dýchají, mohou se pohybovat a mají jak tělo, tak i duši. Patří tam zvířata jako lvi, krávy a ovce; jsou tam ptáci, ryby a hmyz. Protože psi mají duši, umí rozpoznat svého pána nebo štěkají na cizince.

Trojrozměrná kategorie zahrnuje věci, které dýchají, pohybují se a mají duši a ducha, které jsou v jejich viditelném těle. Vztahuje se na lidské bytosti, které jsou pánem nad vším stvořením. Na rozdíl od zvířat mají lidé ducha. Dokážou přemýšlet o Bohu a hledat ho a mohou v Boha věřit.

Existuje také čtvrtý rozměr, který je pro naše oči neviditelný. Jde o duchovní dimenzi. Bůh, který je duchem, nebeské zástupy, andělé a cherubové všichni náležejí do duchovní dimenze.

Vyšší dimenze si podmaňují nižší dimenze a uplatňují nad nimi vládu

Bytosti z druhé dimenze si mohou podmanit a uplatňovat vládu nad bytostmi z první dimenze nebo věcmi z nižší dimenze. Bytosti ze třetí dimenze si mohou podmanit a uplatňovat vládu nad bytostmi z druhé dimenze nebo z nižších dimenzí. Tvorové z nižších dimenzí nedokážou pochopit dimenze, které jsou na vyšší úrovni, než je ta jejich. Formy života z první dimenze nemohou porozumět druhé dimenzi a formy života z druhé dimenze nemohou porozumět třetí dimenzi. Například, dejme tomu, že konkrétní člověk zaseje určitý druh semínka do půdy, zalije ho a stará se o něho. Když semínko vyklíčí, vyroste z něho strom a nese ovoce. Semínko nerozumí tomu, co s ním člověk udělal. I když člověk zašlápne červy a ti zemřou, neznají důvod proč. Vyšší dimenze si mohou podmanit bytostmi z nižších dimenzí a vládnout nad nimi, ale obecně řečeno nižší dimenze nemají na výběr, než se nechat ovládat vyššími dimenzemi.

Podobně, lidské bytosti, které jsou tvory ze třetí dimenze, nerozumějí duchovní říši, která je ze čtyřrozměrného světa. A tak lidé těla opravdu nemohou udělat nic ohledně podmanění a ovládání démony. Pokud však zavrhneme tělo a staneme se lidmi ducha, můžeme do čtyřrozměrného světa vstoupit. A tak si můžeme podmanit a porazit zlé duchy.

Bůh, který je duch, chce, aby jeho děti rozuměli čtyřrozměrnému světu. Tímto způsobem mohou pochopit Boží vůli, poslouchat Boha a získat život. V 1. kapitole knihy Genesis si Adam, předtím než pojedl ze stromu poznání dobrého a zlého, podmanil zemi a vládl nade všemi věcmi. Jednu dobu byl Adam duchovně živým tvorem a náležel do čtvrté dimenze. Ale potom, co zhřešil, jeho duch zemřel. Nejenom Adam sám, ale také všichni jeho potomci nyní patří do třetí dimenze. Podívejme se tedy, jak lidé, které stvořil Bůh, spadli do třetí dimenze, a jak se mohou navrátit zpět do čtyřrozměrného světa!

Kapitola 2

Stvoření

Bůh Stvořitel vytvořil úžasný plán pro tříbení člověka. Rozdělil Boží prostor na fyzický prostor a duchovní prostor a stvořil nebesa a zemi a všechny věci na nich.

1. Záhadné rozdělení prostoru

2. Fyzický prostor a duchovní prostor

3. Člověk s duchem, duší a tělem

Už od věčnosti Bůh existoval ve vesmíru sám. Existoval jako světlo a vládl nad vším, co se pohybovalo po nekonečných prostorách vesmíru. V 1. listu Janovi 1:5 je zaznamenáno, že Bůh je světlo. Především to odkazuje na duchovní světlo, ale také se to vztahuje na Boha, který existoval na počátku jako světlo.

Boha nikdo neporodil. Je dokonalou bytostí, která existuje sama o sobě. Tudíž bychom se neměli pokoušet ho našimi omezenými schopnostmi a poznáním pochopit. Jan 1:1 obsahuje tajemství ‚počátku'. Říká: „*Na počátku bylo Slovo.*" Toto je vysvětlení ohledně Boží formy jako Slova v záhadných a nejnádhernějších světlech, které vládnou nad všemi prostory vesmíru.

Zde se ‚počátek' vztahuje na nějaký bod před věčností, bod, který si člověk nedokáže představit. Je to dokonce před ‚počátkem' v Genesis 1:1, což je počátek stvoření. Jaké věci se tedy udály před stvořením světa?

1. Záhadné rozdělení prostoru

Duchovní říše není velmi vzdálená. Existují brány, které jsou spojené s duchovním světem na různých částech viditelné oblohy.

Potom, co uplynula velmi dlouhá doba, Bůh zatoužil po někom, s kým by mohl sdílet svou lásku a všechny ostatní věci. Bůh má jak božství, tak lidskost a z tohoto důvodu chtěl sdílet všechno, co má, s někým, spíše než aby si toho užíval jen sám. Když se tím zaobíral ve své mysli, přišel s plánem tříbení člověka. Šlo o plán stvořit člověka, požehnat mu, aby se plodil a množil, získat nesčetné duše, které se budou podobat Bohu a shromáždit je do nebeského království. Je to, jako když zemědělci obdělávají plodiny, sklízí je a dávají úrodu do skladu.

Bůh věděl, že je zde zapotřebí duchovního prostoru, kde by přebýval a fyzického prostoru, kde by probíhalo tříbení člověka. Rozdělil rozlehlý vesmír na duchovní svět a fyzický svět. Od tohoto bodu začal Bůh existovat jako trojjediný Bůh, a to jako Bůh Otec, Bůh Syn a Duch svatý. To proto, že aby se v budoucnu mohlo uskutečňovat tříbení člověka, bude zapotřebí Spasitele Ježíše a Přímluvce Ducha svatého.

Zjevení 22:13 říká: „*Já jsem Alfa i Omega, první i poslední, počátek i konec.*“ To je záznam o Boží Trojici. ‚Alfa i Omega‘ se vztahuje na Boha Otce, který je počátkem i koncem všeho poznání a celé civilizace lidských bytostí. ‚První i poslední‘

odkazuje na Boha Syna, Ježíše, který je prvním i posledním spasením člověka. ‚Počátek i konec' se vztahuje na Ducha svatého, který je počátkem i koncem tříbení člověka.

Syn Ježíš vykonává povinnost Spasitele. Duch svatý dosvědčuje Spasitele jako Přímluvce a dokončuje spasení člověka. Bible vyjadřuje Ducha Svatého různými způsoby a přirovnává ho tak k holubici nebo ohni. Mluví se o něm také jako o ‚Duchu Syna Božího'. Galatským 4:6 říká: „*Protože jste synové, poslal Bůh do našich srdcí Ducha svého Syna, Ducha volajícího Abba, Otče.*" Jan 15:26 také říká: „*Až přijde Přímluvce, kterého vám pošlu od Otce, Duch pravdy, jenž od Otce vychází, ten o mně vydá svědectví.*"

Bůh Otec, Syn a Duch svatý zaujímají specifické formy, aby naplnili prozíravost tříbení člověka a projednali všechny plány společně. To je popsáno v záznamech o stvoření v 1. kapitole knihy Genesis.

Když Genesis 1:26 říká: „*I řekl Bůh: ‚Učiňme člověka, aby byl naším obrazem podle naší podoby,*'" neznamená to, že jsou lidé vytvořeni pouze podle vnějšího obrazu Boha Otce, Syna a Ducha svatého. Znamená to, že ducha, který je základem člověka, dává Bůh a tento duch se podobá svatému Bohu.

Fyzický svět a duchovní svět

Když Bůh existoval sám, nemusel rozlišovat mezi fyzickým

světem a duchovním světem. Avšak kvůli tříbení člověka zde bylo zapotřebí fyzického světa, kde by žily lidské bytosti. Z tohoto důvodu Bůh oddělil fyzický svět od duchovního světa.

Ale rozdělení na fyzický a duchovní svět neznamená, že by byl svět rozdělen na dva zcela separované prostory, jako když rozkrojíme něco na dvě poloviny. Například, dejme tomu, že jsou v místnosti přítomny dva druhy plynů. Přidáme zde určitou chemikálii, takže se jeden z plynů jeví jako červený, čímž se dá odlišit od druhého plynu. Ačkoliv v místnosti mohou být přítomny dva plyny, naše oči dokážou vidět pouze ten plyn, který se jeví jako červený. I když není druhý plyn vidět, je zde s určitostí přítomen také.

Podobně Bůh rozdělil rozlehlý duchovní prostor na viditelný fyzický svět a neviditelný duchovní svět. Samozřejmě, že fyzický svět a duchovní svět neexistují podobně jako dva druhy plynů v uvedeném příkladu. Jeví se odděleně, ale navzájem se překrývají. A zatímco se zdá, že se překrývají, jsou rovněž oddělené.

Na důkaz toho, že fyzický a duchovní svět existují odděleně a záhadným způsobem, Bůh umístil vstupní brány k duchovnímu světu na různá místa ve vesmíru. Duchovní svět není nikde daleko. Vstupní brány k duchovnímu světu jsou na mnoha místech viditelné oblohy. Kdyby Bůh otevřel náš duchovní zrak, v určitých případech bychom viděli skrze tyto vstupní brány duchovní svět.

Když byl Štěpán plný Ducha svatého a viděl Ježíše, jak stojí po pravici Boží, bylo to proto, že měl jak otevřený duchovní zrak, tak byly otevřeny vstupní brány do duchovního světa (Skutky

7:55-56).

Elijáš byl vzat živý do nebe. Vzkříšený Pán Ježíš vystoupil na nebesa. Mojžíš a Elijáš se objevili na hoře proměnění. Tyto události můžeme chápat jako skutečné příhody, pokud uznáme skutečnost, že existují vstupní brány do duchovního světa.

Vesmír je nesmírně rozlehlý a dost možná nekonečný ve svém objemu. Oblast viditelná ze Země (pozorovatelný vesmír) je okruh s poloměrem 46 miliard světelných let.[1] Kdyby za koncem fyzického vesmíru existoval duchovní svět, i tou nejrychlejší kosmickou lodí by to fakticky zabralo nekonečně dlouhou dobu dostat se do duchovního světa. Dokážete si tak představit vzdálenost, jakou by museli andělé urazit, aby se mohli pohybovat mezi duchovním a fyzickým světem? Avšak s existencí těchto vstupních bran do duchovního světa, které se dají otevírat a zavírat, se může cestovat mezi duchovním světem a fyzickým světem tak snadno, jako když procházíte dveřmi.

Bůh stvořil čtyři nebe

Potom, co Bůh rozdělil vesmír na duchovní svět a fyzický svět, rozdělil je podle potřeb na více nebes. Bible se zmiňuje o tom, že neexistuje pouze jedno nebe, ale mnoho nebes. Ve

---

[1] Lineweaver, Charles; Tamara M. Davis (2005). „Misconceptions about the Big Bang" (Chybné představy o velkém třesku). Časopis Scientific American. Vydáno 2007-03-05.

skutečnosti nám říká, že existuje mnoho jiných nebes než ta, která vidíme svýma fyzickýma očima.

Deuteronomium 10:14 říká: *„Hle, Hospodinu, tvému Bohu, patří nebesa i nebesa nebes, země a všechno, co je na ní“* a v Žalmu 68:34 čteme: *„Tomu, jenž jezdí po nebi, po nebi odvěkém. Hle, vydal hlas, hlas plný moci.“* A král Šalomoun řekl v 1 Královské 8:27: *„Ale může Bůh opravdu sídlit na zemi, když nebesa, ba ani nebesa nebes tě nemohou pojmout, natož tento dům, který jsem vybudoval?“*

Bůh použil slovo ‚nebesa', aby vyjádřil duchovní svět, abychom tak mohli snadněji porozumět prostorům náležejícím duchovnímu světu. ‚Nebesa' se dají obecně rozčlenit na čtyři nebe. Celý fyzický prostor zahrnující naši Zemi, naši sluneční soustavu, naši galaxii a celý vesmír je zmiňován jako první nebe.

Od druhého nebe dál se jedná o duchovní prostory. Zahrada Eden a místo pro zlé duchy jsou umístěny ve druhém nebi. Potom, co Bůh stvořil člověka, stvořil rovněž zahradu Eden, což je oblast světla ve druhém nebi. Bůh přivedl do zahrady člověka a nechal ho, aby si vše podmanil a nade vším vládl (Genesis 2:15).

Boží trůn se nachází ve třetím nebi. Je jím Boží království, kde budou přebývat Boží děti, které získaly spasení skrze tříbení člověka.

Čtvrté nebe je původní nebe, kde Bůh kdysi přebýval sám jako světlo předtím, než rozdělil prostor. Je to záhadné místo, kde je všechno naplněno zrovna tak, jako to Bůh přechovává ve své mysli, ať jde o cokoliv. Je to rovněž místo, které přesahuje jakékoliv hranice času a prostoru.

2. Fyzický prostor a duchovní prostor

Jaký existuje důvod pro to, že se tak mnoho biblických vědců pokoušelo najít zahradu Eden, ale nedokázali to? Je to proto, že zahrada Eden se nachází ve druhém nebi, což je duchovní svět.

Prostor, který Bůh rozdělil, může být rozdělen na fyzický prostor a duchovní prostor. Pro své děti, které získá tříbením člověka, Bůh vytvořil nebeské království ve třetím nebi a Zemi umístil do prvního nebe, aby byla scénou, kde se bude odehrávat tříbení člověka.

1. kapitola knihy Genesis stručně zaznamenává proces šestidenního Božího stvoření. Bůh neučinil úplnou a dokonalou Zemi od počátku. Nejprve položil základy země a potom oblohy skrze pohyby zemské kůry a mnoho meteorologických jevů. Bůh vynakládal po dlouhou dobu veliké úsilí, občas dokonce sestoupil dolů na Zemi osobně, aby viděl, jak se věci vyvíjí, protože Země byla půdou, na které chtěl získávat své milované, skutečné děti.

Plody rostou v bezpečí plodové vody uvnitř dělohy. Podobně potom, co byla vytvořena Země a položeny její základy, byla celá Země pokryta vydatným množstvím vody a tato voda byla vodou života pocházející ze třetího nebe. Země byla nakonec připravena jako půda určená pro život všech věcí, a to v důsledku toho, že byla pokryta vodou života. Potom Bůh začal stvoření.

Fyzický prostor, půda pro tříbení člověka

Když Bůh řekl první den stvoření: „Buď světlo!“, bylo zde duchovní světlo, které vyšlo od Božího trůnu a pokrylo Zemi. Díky tomuto světlu byla vtisknuta do všech věcí Boží věčná moc a božská přirozenost a všechny věci byly ovládány zákony přírody (Římanům 1:20).

Bůh oddělil světlo od tmy a nazval světlo ‚dnem‘ a tmu nazval ‚nocí‘. Bůh vytvořil zákonitost, že zde bude probíhat den a noc a plynutí času ještě předtím, než stvořil slunce a měsíc.

Na druhý den Bůh učinil klenbu a nechal ji oddělit vody, které pokrývaly Zemi, na vody pod klenbou a vody nad klenbou. Bůh nazval klenbu nebem, což je obloha viditelná našima očima. Nyní bylo vytvořeno základní prostředí, které mohlo být oporou pro všechny živé věci. Aby mohly živé věci dýchat, Bůh učinil vzduch; mračna a oblohu Bůh učinil, aby se v nich mohly odehrávat meteorologické jevy.

Vody pod klenbou jsou vody zůstávající na povrchu Země. Je to zdroj vod, které vytvořily oceány, moře, jezera a řeky (Genesis 1:9-10).

Vody nad klenbou byly vyhrazeny pro Eden ve druhém nebi. Třetí den Bůh způsobil, aby se vody pod klenbou nahromadily na jedno místo, aby oddělil moře od souše. Také stvořil trávy a rostliny.

Čtvrtý den Bůh stvořil slunce, měsíc a hvězdy a nechal je vládnout ve dne i v noci. Pátý den stvořil ryby a ptáky. Šestý den konečně Bůh stvořil všechny živočichy a člověka.

Neviditelný duchovní prostor

Zahrada Eden je v duchovním světě druhého nebe, ale liší se od duchovního světa ve třetím nebi. Není to úplný duchovní svět, protože může existovat společně s fyzickou dimenzí. Jednoduše vyjádřeno, je to jako přechodná fáze mezi tělem a duchem. Potom, co Bůh stvořil člověka jako duchovně živého tvora, vysadil v Edenu směrem na východ zahradu a postavil do zahrady člověka (Genesis 2:8).

Zde se ‚východ' nevztahuje na fyzický východ. Má zvláštní význam jako ‚oblast obklopená světly'. Až doposud se mnoho biblických vědců domnívalo, že byla zahrada Eden někde okolo řek Eufrat a Tigris a ačkoliv provedli rozsáhlý výzkum a řídili mnoho archeologických průzkumů, nedokázali nalézt po této zahradě žádnou stopu. Důvodem je to, že je zahrada, kde kdysi žil ‚duchovně živý tvor' Adam, ve druhém nebi, což je duchovní svět.

Zahrada Eden je rozlehlé místo přesahující všechny naše představy. Děti, které Adam zplodil předtím, než se dopustil svého hříchu, zde stále žijí a neustále plodí nové a nové děti. Zahrada Eden nemá žádné omezení prostoru, a tudíž nebude ani s postupem času nikdy přeplněná.

V Genesis 3:24 však můžeme číst, že Bůh ustanovil cheruby s plamenným mečem, aby střežili všechny směry na východ od zahrady Eden.

To proto, že východ zahrady sousedí s oblastí tmy. Zlí duchové se vždy chtěli do zahrady dostat, a to z několika důvodů. Za prvé, chtěli pokoušet Adama a za druhé chtěli získat ovoce ze stromu života. Chtěli dosáhnout věčného života tím, že sní ovoce a navěky se postaví proti Bohu. Adam měl povinnost zahradu Eden od sil temnoty chránit. Protože však byl naveden satanem k tomu, aby pojedl ze stromu poznání dobrého a zlého a byl vyhnán pryč na tuto zemi, cherubové s plamenným mečem tuto jeho povinnost převzali.

Můžeme usuzovat, že oblast světla, kde je umístěna zahrada Eden a oblast tmy, kde žijí zlí duchové, existují ve druhém nebi vedle sebe navzájem. Kromě toho, v oblasti světla ve druhém nebi existuje místo, kde budou mít věřící s Pánem po jeho druhém příchodu sedmiletou svatební hostinu. Toto místo je mnohem krásnější než zahrada Eden. Všichni ti, kdo budou spaseni od stvoření světa, se budou moci hostiny zúčastnit a člověk si nedokáže představit, jak rozlehlá tato oblast bude.

V duchovním světě existují také třetí a čtvrté nebe, přičemž o tom podrobněji pojednává 2. díl knihy *Duch, Duše a Tělo*. Příčinou toho, proč Bůh rozdělil fyzický prostor a duchovní prostor a rozčlenil je do mnoha různých míst, jsme koneckonců my lidé. Bylo to učiněno v prozíravosti tříbení člověka za účelem získání skutečných Božích dětí. A nyní nastává čas na otázku, z čeho a jak je utvořen člověk?

3. Člověk s duchem, duší a tělem

Historie lidstva zaznamenaná v Bibli začíná v době, kdy byl Adam kvůli svému hříchu vyhnán na tuto zemi. Tato historie nezahrnuje dobu, během které žil Adam v zahradě Eden.

1) Adam, duchovně živý tvor

Pochopení prvního člověka Adama je počátkem pochopení základů člověka. Bůh stvořil Adama jako duchovně živého tvora určeného k tříbení člověka. Genesis 2:7 vysvětluje stvoření Adama následovně: *„I vytvořil Hospodin Bůh člověka, prach ze země, a vdechl mu v chřípí dech života. Tak se stal člověk živým tvorem.“*

Materiál, který Bůh použil ke stvoření Adama, byl prach země. To proto, že lidé projdou tříbením člověka na této zemi (Genesis 3:23).

Je to také proto, že půda, která je prachem země, se mění ve své podstatě podle přidaných prvků.

Bůh vytvořil z prachu země nejenom podobu člověka, ale také jeho vnitřní orgány, kosti, cévy a nervy. Znamenitý hrnčíř by učinil hodnotný kousek porcelánu z hrstky jemné hlíny. Protože Bůh učinil člověka podle svého vlastního obrazu, jak překrásný člověk byl!

Adam byl vytvořen s čistou mléčně bílou kůží. Měl statnou postavu a jeho tělo bylo dokonalé od hlavy až k patě, stejně jako všechny jeho orgány a každá buňka jeho těla. Byl překrásný. Když do tohoto Adama Bůh vdechl dech života, stal se Adam živým tvorem, což znamená duchovně živým tvorem. Proces se podobá situaci, kdy ani dobře namontovaná žárovka nemůže svítit sama o sobě. Může svítit světlem pouze tehdy, když jí dodáme elektřinu. Adamovo srdce začalo bít, jeho krev cirkulovat a všechny orgány a buňky začaly fungovat až poté, co od Boha obdržel dech života. Jeho mozek začal fungovat, jeho oči vidět, jeho uši slyšet a jeho tělo se začalo hýbat, jak si přál až poté, co mu byl dán tento dech života.

Dech života je krystalem Boží moci. Může být rovněž nazýván Boží energií. Je v zásadě zdrojem síly nutné k pokračování života. Potom, co Bůh Adamovi vdechl dech života, Adam nabyl podoby ducha, který vypadal přesně jako jeho tělo. Zrovna jako mělo podobu Adamovo fyzické tělo, jeho duch rovněž nabyl podoby, která vypadala stejně jako jeho tělo. Více podrobností o podobě ducha bude vysvětleno v druhém díle této knihy.

Tělo Adama, který byl nyní duchovně živým tvorem, se skládalo z nepomíjejícího těla a kostí. Tělo pojímalo ducha, který komunikoval s Bohem a duši, která měla vypomáhat duchu. Duše a tělo poslouchali ducha a tímto způsobem Adam dodržoval Boží slovo a komunikoval s Bohem, který je sám duchem.

Když však byl nejprve Adam stvořen, měl tělo zcela dospělého člověka, ale vůbec žádné vědomosti. Zrovna jako dítě může získat náležité vlastnosti a sehrávat produktivní úlohu ve společnosti pouze skrze vzdělání, i on musel nejprve získat patřičné vědomosti. A tak potom, co ho Bůh zavedl do zahrady Eden, vyučoval Adama poznání pravdy a poznání ducha. Bůh ho učil o harmonii všech věcí ve vesmíru, zákonech duchovního světa, Slovu pravdy a o neomezeném poznání Boha. To je důvod, proč si Adam mohl podmanit zemi a vládnout nade vším.

Život po nezměrné časové období

Duchovně živý tvor Adam vládl nad zahradou Eden a nad Zemí jako pán všeho stvoření, přičemž měl poznání a moudrost ducha. Bůh si pomyslel, že pro něj není dobré, aby byl sám a stvořil z jednoho z jeho žeber ženu jménem Eva. Bůh z ní učinil pomocnici pro něj vhodnou a nechal je, aby se stali jedním tělem. A nyní přichází otázka, jak dlouho žili v zahradě Eden?

Bible neudává konkrétní číslo, ale žili zde nepředstavitelně dlouhou dobu. V Genesis 3:16 však nalézáme následující slova: *„Ženě [Bůh] řekl: ‚Velice rozmnožím tvé trápení i bolesti těhotenství, syny budeš rodit v utrpení, budeš dychtit po svém muži, ale on nad tebou bude vládnout.'"*

V důsledku hříchu, kterého se Eva dopustila, na ni byla seslána kletba a v ní Bůh velmi rozmnožil její porodní bolesti. Jinými slovy, předtím než byla Eva prokleta, dala v zahradě Eden život dětem, ale měla při tom minimální porodní bolesti. Adam a Eva byli duchovně živí tvorové, kteří nestárli. A tak žili a množili se po velmi dlouhou dobu.

Mnoho lidí si myslí, že Adam pojedl ze stromu poznání dobrého a zlého brzy potom, co byl stvořen. Někteří si v důsledku toho pokládají následující otázku: „Protože historie lidstva zaznamenaná v Bibli je pouhých 6 000 let, jak je potom možné, že nalézáme zkameněliny, které jsou stovky tisíc let staré?"

Historie lidstva zaznamenaná v Bibli začíná dobou, kdy byl Adam potom, co se dopustil hříchu, vyhnán na tuto zemi. Nezahrnuje dobu, během které žil v zahradě Eden. Zatímco žil Adam v zahradě Eden, Země procházela mnoha věcmi jako pohyby zemské kůry, ke kterým se připojily i geografické změny stejně jako vzestup a vyhynutí různých živých věcí. Některé z nich zkameněly. Z tohoto důvodu můžeme najít zkameněliny, které jsou pokládány za milióny let staré.

2) Adam se dopouští hříchu

Když Bůh zavedl Adama do zahrady Eden, zakázal mu jednu věc. Pověděl Adamovi, aby nejedl ze stromu poznání dobrého a zlého. Ale potom, co uplynul dlouhý čas, Adam a Eva nakonec ze stromu pojedli. Byli vyhnáni ze zahrady Eden na zemi a od tohoto momentu začíná tříbení člověka.

Jak se stalo, že se Adam dopustil hříchu? Byla tu bytost, která velmi usilovala o velikou autoritu, kterou Adam od Boha obdržel. Šlo o Lucifera, vůdce všech zlých duchů. Lucifer měl za to, že aby se postavil proti Bohu a vyhrál bitvu, musí od Adama získat autoritu. Vytvořil pečlivě promyšlený plán a použil v něm vychytralého hada.

Jak je řečeno v Genesis 3:1: *„Nejzchytralejší ze vší polní zvěře, kterou Hospodin Bůh učinil, byl had,“* had byl učiněn z hlíny, která v sobě měla rysy vychytralé povahy.

Kvůli tomu u něj byla větší pravděpodobnost než u jiných živočichů, že přijme zlo vychytralosti. Jeho povahové rysy byly podníceny zlými duchy a had se stal jejich nástrojem ke svedení člověka.

Zlí duchové vždy pokoušejí člověka

Adam měl v té době tak velikou autoritu, že vládl jak nad zahradou Eden, tak nad Zemí, a tak nebylo pro hada snadné Adama pokoušet přímo. Proto si nejprve vybral Evu. Had se Evy lstivě zeptal: *„Jakže, Bůh vám zakázal jíst ze všech stromů v zahradě?“* (v. 1) Bůh Evě nikdy nic takového nenařídil. Příkaz dal Adamovi. Had se však zeptal, jako by Bůh dal příkaz přímo Evě. Evina odpověď zaznamenává slova: *„Žena hadovi odvětila: ‚Plody ze stromů v zahradě jíst smíme. Jen o plodech ze stromu, který je uprostřed zahrady, Bůh řekl: Nejezte z něho, ani se ho nedotkněte, abyste nezemřeli‘“* (Genesis 3:2-3).

Bůh řekl: *„V den, kdy bys z něho pojedl, propadneš smrti“* (Genesis 2:17). Eva však řekla: „Abyste nezemřeli.“ Můžete se domnívat, že jde jen o nepatrný rozdíl, ale dokazuje to, že si Boží slovo nezapamatovala správně. Je to rovněž projevem toho, že zcela nevěřila Božímu slovu. Jak had uviděl, že Eva pozměnila Boží slovo, začal ji pokoušet s ještě větší iniciativou.

Genesis 3:4-5 říká: „*Had ženu ujišťoval: ‚Nikoli, nepropadnete smrti. Bůh však ví, že v den, kdy z něho pojíte, otevřou se vám oči a budete jako Bůh znát dobré i zlé.*'"

Jak satan podnítil hada k tomu, aby vnesl do Eviny mysli touhu, strom poznání dobrého a zlého se jí začal zdát jiný, neboť je zapsáno: „*...že je to strom s plody dobrými k jídlu, lákavý pro oči, strom slibující vševědoucnost*" (v. 6).

Eva neměla nikdy v úmyslu jít proti Božímu slovu, ale jakmile jednou byla zaseta touha, nakonec ze stromu pojedla. Dala také svému muži Adamovi a on také jedl.

Výmluvy Adama a Evy

V Genesis 3:11 se Bůh zeptal Adama: „*Nejedl jsi z toho stromu, z něhož jsem ti zakázal jíst?*"

Bůh o celé situaci věděl, ale chtěl, aby Adam přiznal svou chybu a činil pokání. Adam však odpověděl: „*Žena, kterou jsi mi dal, aby při mně stála, ta mi dala z toho stromu a já jsem jedl*" (v. 12). Adam naznačuje, že kdyby mu Bůh nedal ženu, tak by takovou věc neudělal. Spíše než aby uznal své provinění, chtěl pouze uniknout následkům situace. Samozřejmě, že Eva byla tou, která dala Adamovi ovoce k jídlu. Adam však byl hlavou ženy, a tak měl převzít zodpovědnost za to, co se stalo.

Nyní se Bůh v Genesis 3:13 zeptal ženy: „*Cos to učinila?*" Třebaže Adam měl převzít zodpovědnost, Eva nemohla být zproštěna hříchu, kterého se dopustila. Ona však obvinila hada slovy: *„Had mě podvedl a já jsem jedla.“* A co se přihodilo Adamovi a Evě, kteří se dopustili těchto hříchů?

Adamův duch zemřel

Genesis 2:17 říká: *„Ze stromu poznání dobrého a zlého však nejez. V den, kdy bys z něho pojedl, propadneš smrti.“*

‚Smrt‘, kterou zde Bůh zmínil, není fyzická smrt, ale duchovní smrt. Když zemře něčí duch, neznamená to, že duch nějakým způsobem zcela zmizí. Znamená to, že dojde k přerušení komunikace s Bohem a ta jako taková nemůže nadále fungovat. Duch stále existuje, ale není už nadále napájen duchovními věcmi od Boha. Tato situace se moc nelišila od situace být mrtvý.

Protože duch Adama i duch Evy zemřeli, Bůh jim nemohl dovolit nadále setrvávat v zahradě Eden, která byla v duchovním světě. Genesis 3:22-23 říká: *„I řekl Hospodin Bůh: ‚Teď je člověk jako jeden z nás, zná dobré i zlé. Nepřipustím, aby vztáhl ruku po stromu života, jedl a byl živ navěky.‘ Proto jej Hospodin Bůh vyhnal ze zahrady v Edenu, aby obdělával zemi, z níž byl vzat.“*

Bůh řekl: „člověk je jako jeden z nás“, což neznamená, že by se Adam skutečně podobal Bohu. Znamená to, že Adam předtím znal pouze pravdu, ale zrovna jako Bůh zná pravdu i nepravdu, Adam se rovněž dozvěděl o nepravdě. V důsledku toho se Adam, který býval duchovně živým tvorem, navrátil do těla. Musel čelit smrti. Musel se vrátit zpět na tuto zemi, kde ho Bůh stvořil. Člověk těla nemůže žít v duchovním prostoru. Kromě toho, kdyby Adam pojedl ze stromu života, žil by navěky. Proto ho Bůh nemohl nadále nechat pobývat v zahradě Eden.

3) Návrat do fyzického prostoru

Potom, co Adam neposlechl Boha a pojedl ze stromu poznání dobrého a zlého, všechno se změnilo. Byl vyhnán na Zemi, do fyzického prostoru, a mohl získávat úrodu pouze úmornou dřinou a v potu své tváře. Všechno bylo rovněž pod kletbou a dobré životní prostředí z doby Božího stvoření již neexistovalo.

V Genesis 3:17 čteme: „*Adamovi [Bůh] řekl: ‚Uposlechl jsi hlasu své ženy a jedl jsi ze stromu, z něhož jsem ti zakázal jíst. Kvůli tobě nechť je země prokleta; po celý svůj život z ní budeš jíst v trápení.*‘“

Z tohoto verše můžeme vidět, že kvůli Adamovu hříchu nebyl proklet jen Adam sám, ale všechno na této zemi, kletba tudíž dolehla na úplně celé první nebe. Všechny věci na Zemi byly v překrásné harmonii, ale byl učiněn další příkaz fyzikálního zákona. Kvůli kletbě začaly existovat bakterie a viry a živočichové a rostliny se rovněž začali měnit.

V Genesis 3:18 Bůh k Adamovi promlouvá dál slovy: „*Vydá ti jenom trní a hloží a budeš jíst polní byliny.*“ Plodiny nemohou dobře růst kvůli trní a hloží, a tak mohl Adam jíst úrodu pouze díky úmorné dřině. Protože byla země prokleta, začaly existovat nadbytečné stromy a rostliny. Začal existovat i škodlivý hmyz. Nyní musel Adam odstranit tyto škodlivé věci, aby mohl obdělávat zemi a udělat z ní dobré pole.

Potřeba tříbení srdce

Zatímco Adam musel obdělávat zemi, podobná situace existovala i pro člověka, který nyní musel na této zemi projít tříbením člověka. Než se člověk dopustil hříchu, měl jen čisté a bezúhonné srdce, které mělo pouze poznání ducha. Genesis 3:23 říká: „*Proto jej Hospodin Bůh vyhnal ze zahrady v Edenu, aby obdělával zemi, z níž byl vzat.*" Tento verš přirovnává Adama, který byl učiněn z prachu země, k zemi, z níž byl vzat. To znamená, že nyní musel tříbit své srdce.

Předtím, než se dopustil hříchu, nemusel tříbit své srdce, protože ve svém srdci neměl žádné zlo.

Ale po jeho neuposlechnutí začal člověka ovládat nepřítel ďábel a satan. Zasazoval do lidského srdce postupně více a více tělesných věcí. Zasadil do něj nenávist, hněv, domýšlivost, cizoložství atd. Všechny tyto věci začaly zarůstat srdce člověka trním a hložím. Lidstvo bylo vzrůstající měrou více a více poskvrňováno tělem.

‚Abychom obdělávali zemi, z níž jsme byli vzati' znamená, že musíme přijmout Ježíše Krista; musíme používat Boží slovo k zavržení těla, které bylo zasazeno do našich srdcí; a musíme obnovit duchovní stav. Jinými slovy to znamená, že máme

‚mrtvého ducha' a s mrtvým duchem se nemůžeme a nebudeme těšit z věčného života. Důvodem toho, proč je člověk na této zemi tříben, je tříbit své tělesné srdce a obnovit čisté, duchovní srdce. Toto srdce je stejné srdce, jaké měl Adam před svým pádem.

Vyhnání ze zahrady Eden a život na této zemi byla pro Adama velmi dramatická změna. Byla to větší bolest a zmatek, než utrpí princ velikého národa, když se náhle stane sedlákem. Eva nyní také musela trpět většími porodními bolestmi.

Když žili v zahradě Eden, nebyla zde žádná smrt. Nyní však, když žili v tomto fyzickém světě, který hyne a rozkládá se, museli čelit smrti. Genesis 3:19 říká: „*V potu své tváře budeš jíst chléb, dokud se nenavrátíš do země, z níž jsi byl vzat. Prach jsi a v prach se navrátíš.*" Jak je zde napsáno, museli nyní zemřít.

Samozřejmě, že Adamův duch pocházel od Boha a nikdy nemohl zcela zaniknout. Genesis 2:7 říká: „*I vytvořil Hospodin Bůh člověka, prach ze země, a vdechl mu v chřípí dech života. Tak se stal člověk živým tvorem.*" Dech života znázorňuje věčný charakter Boha.

Ale Adamův duch již nebyl déle aktivní. A tak duše převzala funkci pána člověka a také získala vládu nad tělem. Od té doby musel Adam stárnout a nakonec čelil smrti podle řádu fyzického světa. Musel se navrátit do země.

V té době, ačkoliv byla Země prokleta, nebyly hříchy a zlo tak rozšířené jako dnes, a tak se Adam dožil věku 930 let (Genesis

5:5).

Jak šel čas, lidé byli stále horší a horší. V důsledku toho se jejich život také zkracoval. Potom, co sestoupili ze zahrady Eden na tuto zemi, museli se Adam a Eva přizpůsobit novému prostředí. Především, museli žít jako lidé těla, ne jako duchovně živí tvorové. Začali pociťovat únavu po práci, a tak museli odpočívat. Začali dostávat nemoci a byli nemocní. Protože se změnila jejich strava, změnil se jejich zažívací systém. Po jídle museli chodit vyměšovat. Všechno se změnilo. Adamova neposlušnost nebyla v žádném případě nic bezvýznamného. Znamená to, že k celému lidstvu vešel hřích. Adam a Eva a všichni jejich potomci na této zemi začali své fyzické životy s mrtvým duchem v sobě.

Kapitola 3

Člověk ve fyzickém prostoru

Tělo je přirozenost, která se spojuje s hříchem,
a tudíž jsou lidé ve fyzickém prostoru náchylní ke hříchům.
Avšak, v jádru člověka je umístěno
semínko života, které nám dal Bůh
a s tímto semínkem života může probíhat tříbení člověka.

1. Semínko života
2. Počátek existence člověka
3. Svědomí
4. Skutky těla
5. Tříbení

Adam a Eva dali na této zemi život mnoha dětem. Ačkoliv byl jejich duch mrtvý, Bůh je neopustil. Naučil je věci, které byly nezbytné pro jejich pozemský život. Adam vyučoval své děti této pravdě, a tak jak Kain, tak Ábel dobře věděli, jak mají Bohu přinášet oběti.

Po jisté době přinesl Kain Bohu oběť v podobě plodin země, ale Ábel přinesl Bohu oběť z krve, po které Bůh toužil. Když Bůh přijal pouze Ábelovu oběť, spíše než aby si uvědomil svou chybu a činil pokání, začal Kain na Ábela tak žárlit, že ho nakonec zabil.

Jak šel čas, hřích se vzrůstající měrou šířil, až byla v době Noeho země tak plná lidského násilí, že Bůh nakonec potrestal celý svět potopou. Přitom Bůh umožnil Noemu a jeho třem synům, aby počali zcela novou rasu. Co se tedy odehrálo s lidskou rasou, která začala žít na této zemi?

1. Semínko života

Potom, co se Adam dopustil hříchu, jeho komunikace s Bohem byla přerušena. Unikla z něj jeho duchovní energie a vešla do něj tělesná energie, která v něm obalila i semínko života.

Bůh stvořil Adama z prachu země. V hebrejštině znamená ‚Adamah' zemi nebo půdu. Bůh utvořil podobu člověka z hlíny a vdechl mu v chřípí dech života. V knize Izajáš se rovněž říká, že byl člověk ‚učiněn z hlíny'.

V Izajáši 64:7 je zaznamenáno: *„Ale nyní, Hospodine, tys náš Otec! My jsme hlína, tys náš tvůrce, a my všichni jsme dílo tvých rukou."*

Nedlouho potom, co jsem založil tuto církev, mi Bůh ukázal vidění, ve kterém modeloval Adama z hlíny. Materiál, který Bůh použil, byla půda smíchaná s vodou, což je hlína. Zde se voda vztahuje na Boží slovo (Jan 4:14). Zatímco se smísila půda a voda a vešel do toho dech života, začala zde cirkulovat krev, která je život, a stalo se to živým tvorem (Leviticus 17:14).

Dech života má v sobě Boží moc. Protože pochází od Boha, nikdy nemůže zaniknout. Bible jednoduše neříká, že se Adam stal člověkem. Říká, že se stal živým tvorem. Tudíž říká, že byl duchovně živým tvorem. Mohl žít navěky s dechem života, i když byl učiněn z prachu země. Díky tomu můžeme pochopit význam verše v Janovi 10:34-35, který říká: *„Ježíš jim řekl: ‚Ve* *vašem zákoně je přece psáno: ‚Řekl jsem: jste bohové.' Jestliže Bůh ty, jichž se týká toto slovo, nazval bohy – a Písmo musí platit...'"*

Jak byl člověk stvořen, mohl na počátku žít navěky, aniž by spatřil fyzickou smrt. Ačkoliv byl Adamův duch mrtev kvůli jeho neposlušnosti, v jeho jádru je semínko života, které tam dal Bůh. Je věčné a díky němu se může každý znovu narodit jako Boží dítě.

Semínko života dané každému

Když Bůh stvořil Adama, zasadil do něho nezničitelné semínko života. Semínko života je původní semínko, které Bůh zasadil do Adamova ducha a je jádrem jeho ducha. Je to původ ducha, zdroj síly k rozjímání o Bohu a dodržování povinnosti člověka.

V šestém měsíci těhotenství dává Bůh embryu semínko života s duchem člověka. V tomto semínku života je obsaženo Boží srdce a Boží moc, aby mohl člověk komunikovat s Bohem. Většina lidí, kteří nepřipouštějí Boží existenci, má stále buď strach nebo obavy z života po smrti nebo nedokážou zcela zapřít Boha hluboko v nitru svého srdce, protože mají hluboko ve svém srdci právě semínko života.

Pyramidy a jiné historické památky obsahují představy lidí o věčném životě a jejich naděje ve věčné místo odpočinku. I ten nejstatečnější člověk se bojí smrti, protože semínko života v něm uznává život, který má přijít.

Bůh dal semínko života úplně každému a člověk ve své přirozenosti hledá Boha (Kazatel 3:11). Semínko života se chová jako srdce člověka a tudíž přímo souvisí s duchovním životem. Krev cirkuluje, aby zásobovala naše tělo kyslíkem a živinami díky tomu, že funguje naše srdce. Podobně, pokud je v člověku aktivováno semínko života, jeho duch bude rovněž zaktivizován a on potom může komunikovat s Bohem. Na druhou stranu, pokud je jeho duch mrtvý, semínko života není aktivní a on nemůže komunikovat přímo s Bohem.

Semínko života je jádrem ducha

Adam byl naplněn poznáním pravdy, kterému ho vyučoval Bůh. Semínko života v něm bylo plně aktivní. Byl naplněn duchovní energií. Zmoudřel do té míry, že dokázal pojmenovat všechny živé věci a žít jako pán všeho stvoření, nad kterým vládl. Nicméně, potom co se dopustil hříchu, jeho komunikace s Bohem byla přerušena. Začala z něho rovněž unikat jeho duchovní energie. Tato duchovní energie byla nahrazena tělesnou energií v jeho srdci a tělesná energie rovněž obalila semínko života. Od této chvíle dál semínko života postupně ztrácelo své světlo a nakonec se stalo zcela neaktivním.

Stejně jako život člověka končí, když jeho srdce dál nebije, Adamův duch rovněž zemřel, když se jeho semínko života stalo neaktivním. To, že zemřel jeho duch, znamená, že jeho semínko

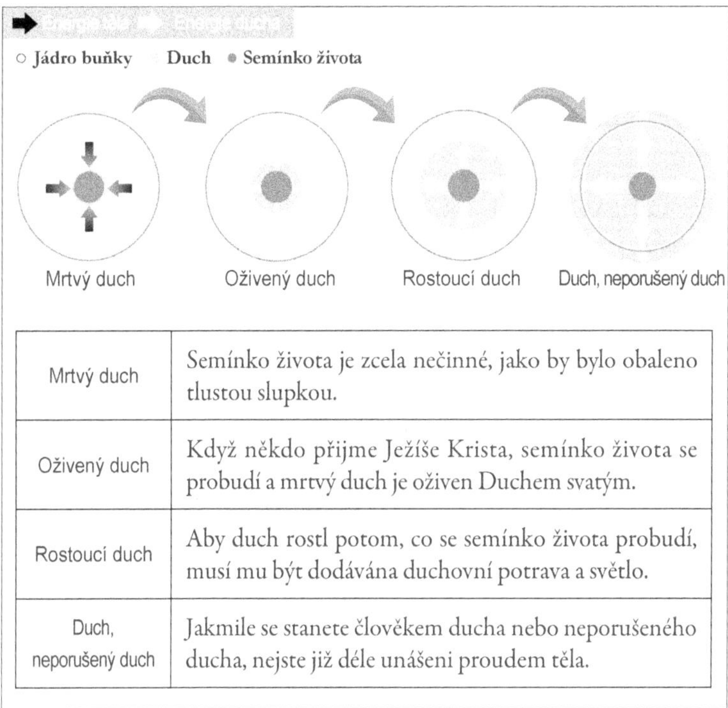

Mrtvý duch	Semínko života je zcela nečinné, jako by bylo obaleno tlustou slupkou.
Oživený duch	Když někdo přijme Ježíše Krista, semínko života se probudí a mrtvý duch je oživen Duchem svatým.
Rostoucí duch	Aby duch rostl potom, co se semínko života probudí, musí mu být dodávána duchovní potrava a světlo.
Duch, neporušený duch	Jakmile se stanete člověkem ducha nebo neporušeného ducha, nejste již déle unášeni proudem těla.

života přestalo zcela fungovat, a tak na tom semínko bylo stejně, jako by bylo mrtvé. Proto se každý člověk v tomto fyzickém prostoru narodí se semínkem života, které je zcela neaktivní.

Od Adamova pádu se lidé nedokázali vyhnout smrti. Aby znovu získali věčný život, museli vyřešit problém hříchu s pomocí Boha, který je světlem. Tudíž musí přijmout Ježíše Krista a získat odpuštění hříchů. Aby oživil našeho ducha, zemřel Ježíš na kříži, kde na sebe vzal hříchy celého lidstva. Stal se cestou, pravdou a životem, skrze který mohou všichni lidé získat věčný život. Když přijmeme tohoto Ježíše jako svého osobního Spasitele, mohou nám být odpuštěny naše hříchy a můžeme se stát Božími dětmi, které získají Ducha svatého.

Duch svatý v nás aktivuje semínko života. To je oživení mrtvého ducha v nás. Od této chvíle začíná semínko života, které ztratilo své světlo, znovu zářit. Samozřejmě, že nemůže zářit v plném rozsahu jako v Adamovi, ale intenzita světla se zesiluje s tím, jak roste míra víry daného člověka a jeho duch roste a zraje.

Čím víc je semínko života naplněno Duchem svatým, tím silnější světlo vyzařuje a tím silnější je světlo jeho duchovního těla. Do té míry, do jaké se člověk naplní poznáním pravdy, pak může obnovit ztracený obraz Boha a stát se skutečným Božím dítětem.

Fyzické semínko života

Mimo duchovní semínko života, což je něco jako jádro ducha, existuje také fyzické semínko života. Toto se vztahuje na spermii a vajíčko. Bůh vytvořil plán tříbení člověka, aby získal skutečné Boží děti, se kterými by mohl sdílet opravdovou lásku. A aby uskutečnil tento plán, dal lidem semínko života, aby se mohli rozmnožovat a naplnit zemi. Duchovní prostor, ve kterém Bůh přebývá, je nekonečný, a kdyby kolem něj nikdo nebyl, byl by velmi opuštěným a skličujícím místem. Proto Bůh stvořil Adama jako duchovně živého tvora a nechal ho po generace množit, aby tím mohl získat mnoho dětí.

Druh dítěte, po kterém Bůh touží, je člověk, jehož mrtvý duch je oživen, který je schopen komunikovat s Bohem a který s ním bude moci navěky sdílet lásku v nebeském království. Aby získal takové skutečné děti, dává Bůh každému toto semínko života a od časů Adama řídí tříbení člověka. David si tuto lásku a Boží plán uvědomil a řekl: „*Tobě vzdávám chválu za činy, jež budí bázeň: podivuhodně jsem utvořen, obdivuhodné jsou tvé skutky, toho jsem si plně vědom*“ (Žalm 139:14).

2. Počátek existence člověka

Lidská bytost nemůže být naklonována z jiné lidské bytosti. Třebaže by se náhodou okopíroval vnější zjev člověka, nebyla by to lidská bytost, protože by neměla ducha. Naklonovaná bytost by se nelišila od naklonovaného zvířete.

Nový život je počat, když se spojí spermie muže a vajíčko ženy. Aby se naplno rozvinul v lidskou formu, zůstává plod po devět měsíců v děloze. Když vezmeme v úvahu proces růstu plodu od jeho početí až do doby, kdy nastane termín porodu, můžeme vnímat záhadnou Boží moc.

V prvním měsíci se začíná rozvíjet nervový systém. Je hotovo základní dílo, takže se mohou vytvořit krev, kosti, svaly, žíly a vnitřní orgány. Ve druhém měsíci začíná bít srdce a plod na sebe bere hrubý vnější zjev člověka. V té době se dají rozpoznat hlava a končetiny. Ve třetím měsíci se tvoří obličej. Plod může sám hýbat hlavou, tělem a končetinami a vyvíjejí se také pohlavní orgány.

Od čtvrtého měsíce je dokončena placenta, takže stoupá zásobování živinami a délka a hmotnost plodu rapidně roste. Všechny orgány, které vyživují tělo a podporují život, normálně fungují. Od pátého měsíce se vyvíjejí svaly a také schopnost slyšet a plod dokáže rozeznat zvuky. V šestém měsíci se vyvíjejí trávicí orgány, takže se růst ještě více zrychluje. V sedmém měsíci začínají růst vlasy na hlavě a s vývojem plic začíná plod dýchat.

Pohlavní orgány a schopnost slyšet jsou dokončeny v osmém měsíci. Plod může dokonce reagovat na hluk zvenku. V devátém měsíci houstnou vlasy, mizí jemné chloupky na těle a zaoblují se končetiny. Po dokončených devíti měsících se narodí dítě průměrně 50 cm dlouhé s tělesnou hmotností asi 3,2 kg.

Plod je život, který náleží Bohu

S dnešním rozvojem vědy mají lidé veliký zájem o klonování živých věcí. Ale jak bylo řečeno dříve, bez ohledu na to, jak velké pokroky věda dělá, člověka nelze naklonovat. I kdyby se náhodou naklonoval a měl vnější vzezření člověka, nebude mít žádného ducha. Bez ducha se neliší od zvířete.

V procesu růstu člověka, na rozdíl od všech ostatních živočichů, nastává v určitém momentě okamžik, kdy je člověku dán duch. V šestém měsíci těhotenství má plod různé orgány, tvář a končetiny. Stává se nádobou, která je dostatečná k tomu, aby pojala svého ducha. V tomto okamžiku dává Bůh člověku semínko života společně s jeho duchem. V Bibli existuje záznam, ze kterého můžeme tento fakt vyvodit. Je to záznam odpovědi šestiměsíčního plodu v děloze.

V Lukáši 1:41-44 čteme: „*Když Alžběta uslyšela Mariin pozdrav, pohnulo se dítě v jejím těle; byla naplněna Duchem svatým a zvolala velikým hlasem: ‚Požehnaná jsi nade všechny ženy a požehnaný plod tvého těla. Jak to, že ke mně přichází matka mého Pána? Hle, jakmile se zvuk tvého hlasu dotkl mých uší, pohnulo se radostí dítě v mém těle.'"*

Toto se stalo, když byl počat Ježíš v lůnu panny Marie a ta šla oplatit návštěvu Alžbětě, která počala Jana Křtitele o šest měsíců dříve. Když panna Marie přišla, Jan Křtitel se radostí pohnul v lůnu své matky. Poznal v Mariině lůnu Ježíše a byl naplněn Duchem svatým. Plod není jenom život, ale jde o duchovní bytost, která může být naplněna Duchem svatým od šestého měsíce těhotenství. Lidská bytost je život, který od momentu početí náleží Bohu. Pouze Bůh má svrchovanost nad životem. Proto nesmíme přerušit těhotenství u dítěte, jak uznáme za vhodné nebo nezbytné, třebaže plod ještě nemá ducha.

Devítiměsíční období, během kterého plod roste v děloze, je velmi důležité. Je mu od matky dodáváno všechno, co potřebuje k růstu, takže matka by měla mít vyváženou stravu. Pocity a přemýšlení, které matka má, rovněž ovlivňují vytvoření charakteru, osobnosti a inteligence plodu. V duchu je to stejné. Děti těch matek, které slouží Božímu království a horlivě se modlí, se obecně rodí s mírným charakterem a provází je moudrost a zdraví.

Svrchovanost nad životem náleží výhradně Bohu, ale ten nezasahuje do průběhu početí, narození a růstu člověka. Vrozené vlastnosti jsou určeny skrze životní energii obsaženou ve spermii a vajíčku rodičů. Jiné charakterové rysy jsou získané a vyvíjejí se podle prostředí a jiných vlivů.

Zvláštní Boží intervence

Existují případy, kdy Bůh zasahuje do něčího početí a narození. Za prvé, je to v případě, že se rodiče líbí Bohu svou vírou a naléhavě se modlí. Chana, žena, která žila v období Soudců, žila v bolesti a trápení, protože nemohla mít dítě, a tak předstoupila před Boha a naléhavě se modlila. Učinila přísahu, že pokud jí Bůh dá syna, daruje ho Bohu.

Bůh vyslyšel její modlitbu a požehnal jí k početí syna. Jak přísahala, přivedla svého syna Samuela ke knězi, jakmile ho odstavila a uvedla ho jako Božího služebníka. Samuel komunikoval s Bohem již od svého dětství a později se stal v Izraeli velikým Božím prorokem. Protože Chana dodržela svůj slib, Bůh jí požehnal dalšími třemi syny a dvěma dcerami (1 Samuelova 2:21).

Za druhé, Bůh zasahuje v životech těch, kteří jsou Bohem odděleni kvůli Boží prozíravosti. Abychom tomu porozuměli, musíme pochopit rozdíl mezi ‚být vyvolen' a ‚být oddělen'. Je to Boží volba, když Bůh zakládá určitou koncepci a nekriticky si vybírá každého, kdo setrvává v rámci hranic této koncepce. Například, Bůh založil koncepci spasení a spasí každého, kdo vstupuje do rámce hranic této koncepce. Proto se o těch, kdo získají spasení tím, že přijmou Ježíše Krista a žijí podle Božího slova, říká, že jsou ‚vyvolení'.

Někteří lidé mylně chápou, že Bůh si již vyvolil ty, kdo budou spaseni a ty, kdo spaseni nebudou. Říkají, že jakmile přijmete Pána, Bůh bude působit takovým způsobem, že budete nějak spaseni, i kdybyste nežili podle Božího slova. Toto myšlení je však mylné.

Každý, kdo ze své svobodné vůle přijde k víře a vstoupí do rámce hranic této koncepce spasení, obdrží spasení. Tudíž jsou všichni ‚vyvolení' Bohem. Ale ti, kdo nevstoupili do rámce hranic této koncepce spasení nebo ti, kdo kdysi do rámce hranic této koncepce vstoupili, ale později se oddělili díky tomu, že se spřátelili se světem a vědomě a ochotně se dopouštěli hříchů, nemohou být spaseni, dokud se neodvrátí od svých cest.

Co tedy potom znamená být ‚oddělen'? Je to, když si Bůh, který ví všechno a plánuje všechno od počátku věků, vybere určitou osobu a řídí celý chod jejího života. Například Abraham; Jákob, otec všech Izraelců; a Mojžíš, vůdce Exodu, byli všichni odděleni Bohem, aby vykonali zvláštní povinnosti, které jim Bůh ve své prozíravosti udělil.

Bůh ví všechno. V prozíravosti tříbení člověka ví, jací lidé se narodí v jakém časovém okamžiku lidské historie. Aby naplnil své plány, vybírá si konkrétné osoby a nechává je konat úžasné povinnosti. U těch, kdo jsou odděleni tímto způsobem, Bůh zasahuje v každé chvíli jejich života počínaje jejich narozením.

Římanům 1:1 (Nová smlouva – KMS) říká: „*Pavel, otrok Krista Ježíše, povolaný apoštol, oddělený pro Boží evangelium.*" Jak je zde řečeno, apoštol Pavel byl oddělen jako apoštol pohanů, aby šířil evangelium. Protože měl statečné a neměnné srdce, byl oddělen, aby prošel nepředstavitelně obrovským utrpením. Byla mu rovněž dána povinnost a zodpovědnost zaznamenat většinu knih Nového zákona. Aby mohl naplnit takovouto povinnost, Bůh ho nechal učit se důkladně Boží slovo od časného dětství u nejlepšího učence té doby, u Gamaliela.

Jana Křtitele také Bůh oddělil. Bůh zasáhl do jeho početí a Bůh ho nechal žít jiný život už od jeho dětství. Žil sám v pustině, bez jakéhokoliv kontaktu se světem. Měl šat z velbloudí srsti a kožený pás kolem boků; potravou mu byly kobylky a med divokých včel. Tímto způsobem připravil cestu Ježíšovi.

To byl i Mojžíšův případ. Bůh zasahoval v jeho životě už od Mojžíšova narození. Byl vhozen do řeky, ale nalezla ho princezna a stal se princem. A přesto ho vychovávala jeho vlastní matka, aby se mohl dozvědět o Bohu a svém vlastním lidu. Jako egyptský princ rovněž získal veškeré vědění světa. Jak bylo vysvětleno, být oddělen znamená, že Bůh svou svrchovaností vládne nad životem určité osoby a ví, jaký člověk se narodí v konkrétním okamžiku lidské historie.

3. Svědomí

Aby člověk hledal Boha Stvořitele a setkal se s ním, obnovil Boží obraz a stal se cennou bytostí, velmi závisí na tom, jaké má svědomí.

Spermie a vajíčka rodičů obsahují jejich životní energii, kterou děti dědí. Se svědomím je to stejné. Svědomí je kritériem úsudku mezi dobrem a zlem. Jestliže rodiče žijí dobrý život a mají dobré pole svého srdce, je pravděpodobnější, že se i děti narodí s dobrým svědomím. Proto je základním rozhodujícím faktorem svědomí člověka druh životní energie, kterou zdědí od svých rodičů.

Třebaže se však děti narodí s dobrou životní energií rodičů, tak pokud jsou vychovávány v nepříznivém prostředí, kde vidí a slyší mnoho špatných věcí, a kde jsou do nich zasazeny špatné věci, potom je pravděpodobné, že jejich svědomí bude pošpiněno zlem. Na druhou stranu u těch, kdo jsou vychováni v příznivém prostředí, kde vidí a slyší dobré věci, je pravděpodobné, že budou mít relativně dobré svědomí.

Formování svědomí

Různá svědomí se formují podle rodičů, kterým se člověk narodí, druhu prostředí, ve kterém je člověk vychováván, druhu věcí, které člověk vidí, slyší a učí se a druhu úsilí, které člověk vyvine, aby konal dobro. A tak ti, kdo se narodí dobrým rodičům, jsou vychováváni v dobrém prostředí, a kdo se ovládají, obvykle hledají dobro, přičemž se drží svého svědomí. Je pro ně snadné přijmout evangelium a změnit se podle pravdy.

Obecně se lidé domnívají, že svědomí je dobrá stránka našeho srdce, ale z Božího pohledu tomu tak není. Někteří lidé mají dobré svědomí a tudíž silnější tendence následovat dobro, zatímco druzí mají špatné svědomí a následují svůj vlastní prospěch spíše, než aby následovali pravdu.

Některé lidi hryže svědomí, pokud se jim přihodí, že někomu vezmou třeba jen malou věc, zatímco jiní mají za to, že to není krádež a tudíž nic špatného. Lidé mají různá kritéria úsudku mezi dobrem a zlem podle toho, v jakém prostředí vyrůstali a čemu byli vyučováni.

Lidé rozsuzují mezi dobrem a zlem podle svého svědomí. Svědomí lidí jsou však různá. Existuje mnoho rozdílů podle odlišných kultur a oblastí, a tak se svědomí nemohou nikdy stát absolutním kritériem úsudku mezi dobrem a zlem. Absolutní kritérium lze nalézt pouze v Božím slově, které je pravdou samotnou.

Rozdíl mezi srdcem a svědomím

Římanům 7:21-24 říká: „*Objevuji tedy takový zákon: Když chci činit dobro, mám v dosahu jen zlo. Ve své nejvnitřnější bytosti s radostí souhlasím se zákonem Božím; když však mám jednat, pozoruji, že jiný zákon vede boj proti zákonu, kterému se podřizuje má mysl, a činí mě zajatcem zákona hříchu, kterému se podřizují mé údy. Jak ubohý jsem to člověk! Kdo mě vysvobodí z tohoto těla smrti?"*

Z tohoto verše můžeme chápat, jak je uspořádané srdce člověka. ‚Nejvnitřnější bytost' v tomto verši je srdce pravdy, které lze nazvat ‚bílé srdce'. To se pokouší následovat vedení Duchem svatým. V této nejvnitřnější bytosti je semínko života. Také je zde ‚zákon hříchu', což je ‚černé srdce' skládající se z nepravdy. Máme tu rovněž ‚zákon, kterému se podřizuje má mysl'. To je svědomí. Svědomí je kritérium hodnocení úsudku, které se vytvořilo samo o sobě. Je to směsice ‚bílého srdce' a ‚černého srdce'. Abychom porozuměli svědomí, musíme nejprve pochopit srdce.

Ve slovnících existuje mnoho definic pro slovo ‚srdce'. Je to „emocionální nebo morální podstata odlišující se od intelektuální podstaty" nebo „nejniternější charakter, pocity nebo dispozice člověka." Duchovní význam je však odlišný.

Když Bůh stvořil prvního člověka Adama, dal mu společně s jeho duchem semínko života. Adam byl jako prázdná nádoba a Bůh do něj vložil poznání ducha jako lásku, dobrotu a pravdivost. Protože Adam byl vyučován pouze pravdě, jeho semínko života se skládalo z jeho ducha samotného společně s poznáním v něm obsaženým. Protože byl naplněn pouze pravdou, nebyla zde žádná potřeba rozlišovat mezi duchem a srdcem. Protože neexistovala žádná nepravda, takové slovo jako svědomí nebylo nezbytné.

Ale potom, co Adam zhřešil, jeho duch už nebyl nadále stejný jako jeho srdce. Protože jeho komunikace s Bohem byla přerušena, pravda, poznání ducha, které naplňovalo jeho srdce, začalo unikat a namísto toho začala jeho srdce vytlačovat nepravda v podobě nenávisti, závisti a domýšlivosti a obalovat semínko života. Než přišla k Adamovi nepravda, nebylo zapotřebí používat slovo ‚srdce'. Jeho srdce byl duch samotný. Ale potom, co do něj vstoupily kvůli hříchům nepravdy, jeho duch zemřel, a od té doby začínáme používat slovo ‚srdce'.

Srdce člověka se po Adamově pádu dostalo do stavu, kdy ‚nepravda namísto pravdy obalila semínko života', což znamená, že ‚duše obalila semínko života namísto ducha'. Jednoduše řečeno, srdce pravdy je bílé srdce a srdce nepravdy je černé srdce. Co se týče všech Adamových potomků, kteří se narodili po jeho pádu, jejich srdce se skládá ze srdce pravdy, srdce nepravdy a svědomí, které se vytvořilo smícháním pravdy a nepravdy.

Povaha je základem svědomí

Původní charakter něčího srdce se vztahuje na ‚povahu'. Povaha člověka není dokončená pouze tím, že se zdědí. Rovněž se mění podle druhu věcí, které člověk přijímá při tom, jak roste. Zrovna jako se mění vlastnosti půdy podle toho, co do ní přidáváme, může se měnit i povaha člověka podle toho, co vidí, slyší a cítí.

Všichni Adamovi potomci narození na této zemi zdědí skrze životní energii svých rodičů povahu, která je směsicí pravdy a

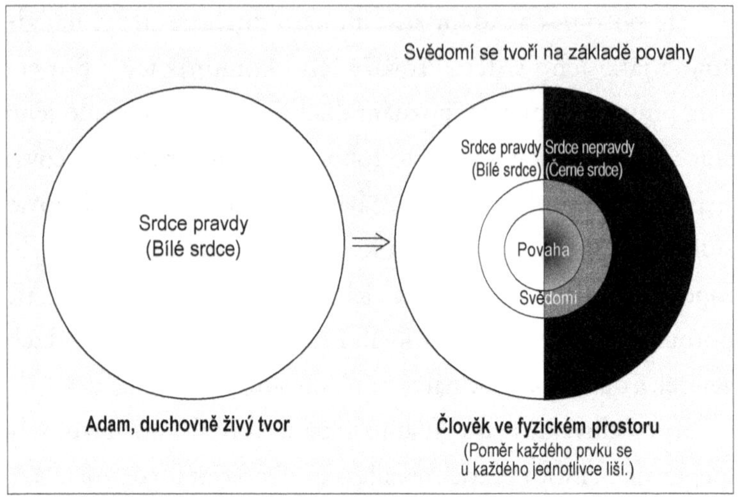

< Skladba srdce >

nepravdy. Na jednu stranu, třebaže se narodí s dobrou povahou, změní se ve špatnou, pokud budou přijímat špatné věci v nepříznivém prostředí. Na druhou stranu, pokud jsou vyučováni dobrým věcem v dobrém prostředí, bude v nich zasazeno relativně méně zla. Povaha každého se může změnit přidáním osvojených pravd a nepravd.

Je snadné porozumět svědomí, pokud nejprve pochopíme povahu člověka, protože svědomí je kritérium úsudku, které se vytvoří až po povaze. Do své vrozené povahy přijmete nabyté poznání pravdy a nepravdy a vytvoříte si kritérium úsudku. To je svědomí. A tak ve svědomí člověka existuje srdce pravdy, zlo pocházející z povahy člověka a sebespravedlnost.

Jak plynou dny, svět se stále více plní hříchy a zlem a svědomí lidí se vzrůstající měrou zhoršuje a zhoršuje. Lidé dědí stále horší povahu od svých rodičů a na vrch toho přijímají více nepravd ve svém životě. Tento proces pokračuje z generace na generaci. Jak se jejich svědomí zhoršuje a otupuje, je pro ně stále obtížnější přijmout evangelium. Namísto toho je pro ně jednodušší přijmout skutky Satana a dopouštět se hříchů.

4. Skutky těla

Když se člověk dopustí hříchů, následuje odplata podle zákona duchovního světa. Bůh to trpělivě snáší, aby mu dal šanci k pokání a odvrácení se od hříchů, ale jestliže překročí určitou mez, budou následovat zkoušky a různá neštěstí.

Každý se narodí s hříšnou povahou, protože hříšná povaha prvního člověka Adama se prostřednictvím životní energie rodičů předává na děti. Občas můžeme vidět i batolata vyjadřovat svůj vztek a frustraci například přílišným pláčem. Někdy, pokud nenakojíme hladové, plačící dítě, začne tak převelice naříkat, až se zdá, že se nebude moci nadechnout. Později zase odmítá kojení, protože se velmi zlobí. Dokonce i novorozené děti projevují takové jednání, protože zdědí prchlivost, nenávist nebo závist od svých rodičů. To proto, že všichni lidé mají hříšnou povahu ve svém srdci a to je prvotní hřích.

Všichni lidé se také dopouštějí hříchů v průběhu svého růstu. Zrovna jako magnety přitahují kov, tak i ti kdo žijí ve fyzickém prostoru, budou pokračovat v přijímání toho, co není pravda a dopouštět se hříchů. Tyto ‚námi páchané' hříchy mohou být rozčleněny na hříchy v srdci a hříchy v jednání. Různé hříchy mají různou závažnost a hříchy spáchané naším jednáním budou zajisté souzeny (1 Korintským 5:10). Hříchy, kterých se svým jednáním dopouštíme, se vztahují na ‚skutky těla'.

Tělo a skutky těla

Genesis 6:3 říká: „*Hospodin však řekl: ‚Můj duch se nebude člověkem věčně zaneprazdňovat. Vždyť je jen tělo. Ať je jeho dnů sto dvacet let.*'" ‚Tělo' se zde jednoduše nevztahuje na fyzické tělo. Znamená to, že se člověk stal tělesnou bytostí, která je pošpiněna hříchy a zlem. Takový člověk těla nemůže s Bohem přebývat navěky, a tudíž nemůže být spasen. Ne mnoho generací potom, co byl Adam vyhnán ze zahrady Eden a začal žít na této zemi, se jeho potomci začali velmi rychle dopouštět skutků těla.

Bůh nechal Noeho, který byl spravedlivým člověkem své doby, připravit archu a varovat lidi, aby se odvrátili od svých hříchů. Nikdo však kromě Noeho rodiny nechtěl vejít do archy. Podle duchovního zákona, který říká ‚mzdou hříchu je smrt' (Římanům 6:23), byl každý z doby Noeho zničen potopou.

Jaký je tedy duchovní význam slova ‚tělo'? Vztahuje se na ‚vlastnosti nepravdy v lidském srdci, které se odhalí v určitých skutcích.' Jinými slovy se závist, prchlivost, nenávist, chamtivost, cizoložná mysl, domýšlivost a všechny ostatní vnitřní nepravdy v člověku odhalí ve formě násilí, sprostého jazyka, cizoložství nebo vraždy. Všechny tyto skutky se nazývají jako celek ‚tělo' a každé z těchto jednání je skutkem těla.

Avšak hříchy neodhalené v jednání, ale uskutečněné pouze v mysli a myšlenkách, se nazývají ‚věci těla'. Pokud je nezavrhneme ve svém srdci, mohou z věcí těla jednoho dne vzejít skutky těla. Více podrobností o věcech těla bude probráno v části 2 ‚Utvoření duše'.

Jakmile se věci těla odhalí jako skutky těla, jde o nepravost a zločinnost. Máme-li hříšné vlastnosti v srdci, není to pokládáno za nepravost, ale jakmile se uvedou v čin, jde o nepravost. Pokud tyto věci těla a skutky těla nezavrhneme, ale neustále v nich pokračujeme, postaví to mezi Boha a nás hradbu z hříchů. Potom nás z nich obviní satan, aby na nás mohl přivodit zkoušky. Můžeme čelit nehodám, protože Bůh už nás nemůže ochránit. Jestliže nejsme pod ochranou Boha, vskutku nevíme, co se stane zítra. Z tohoto důvodu nemůžeme od Boha dostávat ani odpovědi na své modlitby.

Zjevné skutky těla

Jestliže se zlo šíří ve světě, některé z nejzjevnějších hříchů jsou sexuální necudnost a bezuzdnost. Sodoma a Gomora byly naplněny bezuzdností a zničeny sírou a ohněm. Jestliže se podíváte na trosky města Pompeje, vypovídají nám o tom, v jakém cizoložství a úpadku se společnost v něm nacházela.

Galatským 5:19-21 popisuje zjevné skutky těla:

> *Skutky lidské svévole jsou zřejmé: necudnost, nečistota, bezuzdnost, modlářství, čarodějství, rozbroje, hádky, žárlivost, vášeň, podlost, rozpory, rozkoly, závist, opilství, nestřídmost a podobné věci. Řekl jsem už dříve a říkám znovu, že ti, kteří takové*

věci dělají, nebudou mít podíl na království Božím.

I dnes jsou takové skutky těla po světě přebujelé. Dovolte mi uvést některé příklady takovýchto skutků těla.

Za prvé, je to sexuální necudnost. Sexuální necudnost může být fyzická nebo duchovní. Ve fyzickém slova smyslu se vztahuje na cizoložství nebo smilstvo. Ani ti, kdo jsou zasnoubeni jeden s druhým, nemohou být výjimkou. Romány, filmy nebo seriály v dnešní době líčí smilstvo jako nádhernou lásku, čímž mají podíl na tom, že jsou lidé vůči hříchům necitliví a jejich soudnost je zastřená. Existuje rovněž mnoho obscénních materiálů, které podněcují ke smilstvu.

Máme zde ale také duchovní necudnost u věřících. Když jdou k tomu, kdo předpovídá budoucnost, nosí amulet nebo talisman pro štěstí nebo se dopouštějí čarodějnictví, potom jde o duchovní cizoložství (1 Korintským 10:21). Jestliže křesťané nespoléhají na Boha, který vládne nad životem, smrtí, požehnáním a prokletím, ale na modly a démony, jde o duchovní cizoložství, což je to samé jako zradit Boha.

Za druhé, nečistota znamená následovat žádostivost a dělat mnoho nepravostí. O nečistotu jde také v případě, kdy je něčí život naplněn slovy a jednáním, které jsou cizoložné. Je to něco, co přesahuje obvyklou úroveň sexuální necudnosti, což je například páření se zvířaty, skupinový sex a homosexualita (Leviticus 18:22-30). Čím rozšířenější jsou hříchy, tím méně jsou lidé citliví vůči cizoložným věcem.

Tyto věci znamenají neposlouchat Boha a stát proti němu (Římanům 1:26-27). Jsou to hříchy, které připravují o spasení (1 Korintským 6:9-10) a které si Bůh ošklivi (Deuteronomium 13:19). Nechat si změnit pohlaví, nebo aby muž nosil ženské šaty nebo žena nosila mužské šaty, to všechno má Bůh v ohavnosti (Deuteronomium 22:5).

Za třetí, modlářství je rovněž před Bohem odporné. Existuje fyzické modlářství a duchovní modlářství.

Fyzické modlářství znamená sloužit a uctívat vypodobnění vytvořená ze dřeva, skály nebo kovu, spíše než hledání Boha Stvořitele (Exodus 20:4-5). Vážné modlářství způsobí prokletí sahající do třetího až čtvrtého pokolení. Podíváte-li se na rodiny, které do velké míry uctívají modly, nepřítel ďábel a satan do těchto rodin neustále přináší zkoušky, takže se zdá, že problémy v takových rodinách neustávají. Zvláště pak existuje mnoho rodinných příslušníků, kteří jsou posedlí démonem, kteří trpí mentálními poruchami nebo alkoholismem. Ti, kdo se do takové rodiny narodí, tak třebaže přijmou Pána, nepřítel ďábel a satan je neustále zneklidňuje a život ve víře je pro ně velmi obtížný.

Duchovní modlářství je, když věřící v Boha miluje něco více než Boha. O duchovní modlářství jde, když věřící lidé porušují Hospodinův den odpočinku tím, že se koukají na filmy, seriály, sportovní události nebo se věnují jiným koníčkům, nebo pokud zanedbávají své povinnosti ve víře kvůli svému příteli nebo přítelkyni. Mimo toto, pokud milujete něco – rodinu, děti, světskou zábavu, luxusní zboží, postavení, slávu, chtivost nebo poznání – více než Boha, potom je to modla.

Za čtvrté, čarodějství je používání síly získané za přispění zlých duchů nebo jejich řízením obzvláště pro předvídání.

Není správné jít si předpovědět budoucnost, když říkáte, že věříte v Boha. Dokonce i nevěřící na sebe přivádějí veliké pohromy tím, že čarují, protože čarodějství přivádí zlé duchy.

Například, pokud provádíte nějaký druh čarodějství proto, aby zmizely nějaké problémy, tyto problémy se pouze ještě zhorší, natož aby zmizely. Po čarování se zdá, že zlí duchové na nějakou dobu utichli, ale brzy přinesou ještě větší problémy, aby dosáhli ještě většího uctívání. Občas se zdá, že tito duchové mluví o tom, jaké věci přijdou, ale zlí duchové neznají budoucnost. Je to pouze o tom, že jsou duchovními bytostmi a znají srdce tělesného člověka, a tak klamou lidi, aby uvěřili tomu, že jim byla předpovězena budoucnost, a tak mohli být uctíváni. Čarování může rovněž vytvořit intriky, aby druhé podvedlo, a proto bychom měli být velmi opatrní. Necháte-li za pomoci intrik někoho spadnout do jámy, je to zřejmé dílo těla a způsob, jak si přivodit zkázu.

Za páté, rozbroje jsou jednoznačná, aktivní a typicky vzájemná nenávist nebo zlá vůle. Touží po tom, aby byli druzí zničeni a skutečně k tomu došlo. Ti, kdo mají rozbroje, nenávidí druhé a projevují vůči nim špatné emoce jen proto, že se jim druhá osoba nelíbí. Jestliže je intenzita nenávisti příliš veliká, mohou vybuchnout nebo začít s pomlouváním a intrikami.

Za šesté, hádky jsou urputný občas prudký konflikt nebo neshoda. Vytvářejí různé skupiny v církvi jen proto, že druzí mají odlišné názory. Věřící mluví o druhých věřících špatně a vynášejí soudy a odsouzení. Potom se církev rozdělí do mnoha skupin.

Za sedmé, rozpory znamenají rozdělení na skupiny a následování svých vlastních myšlenek. Dokonce i rodiny jsou rozdělené a rovněž v církvi mohou být různé sekce. Davidův syn Abšalóm zradil svého otce a oddělil se od něj, aby následoval své vlastní touhy. Povstal proti svému otci, aby se stal králem. Bůh takového člověka opouští. Abšalóm nakonec čelil žalostné smrti.

Za osmé jsou to rozkoly. Když se objeví rozkoly, mohou se zvrátit v hereze. 2 Petrův 2:1 říká: „*V Božím lidu bývali ovšem i lživí proroci; tak i mezi vámi budou lživí učitelé, kteří budou záludně zavádět zhoubné nauky a budou popírat Panovníka, který je vykoupil. Tím na sebe uvedou náhlou zhoubu.*“ Hereze je popření Ježíše Krista (1 Janův 2:22-23; 4:2-3). Takoví lidé říkají, že věří v Boha, ale popírají Boží trojici nebo Ježíše Krista, který nás vykoupil svou krví, tudíž na sebe přinášejí rychlou zkázu. Bible nám jasně říká, že hereze jsou takové nauky, které popírají Ježíše Krista, tudíž bychom neměli lehkomyslně soudit ty, kteří přijímají Boží trojici a Ježíše Krista.

Za deváté, závist je, když se žárlivost vyvine ve vážný čin. Závist znamená, že se cítíme nepříjemně vedle druhých, vzdalujeme se od nich a nenávidíme je, když se zdají být lepšími než my sami. Pokud propukne taková závist, může následovat mnoho skutků, které druhým ublíží. Saul žárlil na Davida, jednoho ze svých vlastních mužů, protože Davida miloval lid více než jeho. Dokonce použil svou vlastní armádu k tomu, aby Davida zabil a zničil kněze a lid ve městě, které Davida ukrylo.

Za desáté tu máme opilství. Noe udělal chybu potom, co v době po povodni vypil víno a přineslo to strašný výsledek. Proklel svého druhého syna Cháma, který jeho poklesek odhalil.

Efezským 5:18-19 říká: *„A neopíjejte se vínem, což je prostopášnost, ale plni Ducha zpívejte.“* Někdo si řekne, že jedna sklenička je možná v pořádku. Je to však stále hřích, protože ať jde jen o jednu nebo dvě skleničky, pijete alkohol, abyste se opili. Navíc se ti, kdo jsou opilí, dopouštějí mnoha hříchů, přičemž nejsou schopni ovládat sami sebe.

Bible zmiňuje pití vína, protože v Izraeli je voda vzácná a tak jim Bůh místo vody dovolil víno, což je čistá šťáva z vinné révy nebo opojný nápoj, který se vyrábí z ovoce obsahujícího více cukru (Deuteronomium 14:26). Ve skutečnosti Bůh lidem nedovolil pít alkohol (Leviticus 10:9; Numeri 6:3; Přísloví 23:31; Jeremjáš 35:6; Daniel 1:8; Lukáš 1:15; Římanům 14:21). Bůh pouze povolil omezené užívání vína ve velmi zvláštních případech. Třebaže jde pouze o šťávu z ovoce, lidé se přeci opijí, pokud pijí mnoho. Z tohoto důvodu pil izraelský lid namísto vody víno a nepili ho proto, aby se opili a měli z toho požitek.

A na závěr nestřídmost, což znamená nekontrolovatelně si užívat alkoholu, žen, hazardu a jiných prostopášných věcí. Takoví lidé nemohou naplnit své povinnosti jako lidské bytosti. Pokud vám chybí sebeovládání, je to také druh nestřídmosti. Jestliže žijete nepřiměřeně obscénním životem, nebo žijete životem plným hýření, jak se vám zlíbí, jde také o nestřídmost. Žijete-li takovým životem i potom, co jste přijali Pána, nemůžete Bohu dát ani své srdce ani zavrhnout hříchy a tudíž nemůžete zdědit Boží království.

Co znamená nemoci zdědit Boží království

Až potud jsme se dívali na zjevné skutky těla. Co je tedy základním důvodem pro to, že se lidé dopouštějí takovýchto skutků těla? Je to proto, že nechtějí vpustit Boha Stvořitele do svého srdce. Je to popsáno v Římanům 1:28-32: *„Protože si nedovedli vážit pravého poznání Boha, dal je Bůh na pospas jejich zvrácené mysli, aby dělali, co se nesluší. Jsou plni nepravosti, podlosti, lakoty, špatnosti, jsou samá závist, vražda, svár, lest, zlomyslnost, jsou donašeči, pomlouvači, Bohu odporní, zpupní, nadutí, chlubiví. Vymýšlejí zlé věci, neposlouchají rodiče, nemají rozum, nedovedou se s nikým snést, neznají lásku ani slitování. Vědí o spravedlivém rozhodnutí Božím, že ti, kteří tak jednají, jsou hodni smrti; a* *přece nejenže sami tak jednají, ale také jiným takové jednání schvalují.*"

V zásadě to říká, že nezdědíte Boží království, pokud se zabýváte zjevnými skutky těla. Samozřejmě tomu není tak, že nemůžete být spaseni jen proto, že jste se párkrát dopustili hříchů kvůli své slabé víře.

Není pravda, že noví věřící, kteří neznají dobře pravdu nebo ti, kdo mají slabou víru, nezískají spasení jen proto, že ještě nezavrhli skutky těla. Všichni lidé se dopouštějí nepravostí, dokud jejich víra nedozraje, a jejich hříchy jim mohou být odpuštěny spoléháním na krev Pána. Pokud však setrvávají v dopouštění se skutků těla, aniž by se od nich odvrátili, nemohou získat spasení.

Hříchy vedoucí k smrti

1 Janův 5:15-16 říká: „*A víme-li, že nás slyší, kdykoliv o něco žádáme, pak také víme, že to, co máme, jsme dostali od něho. Vidí-li někdo, že jeho bratr se dopouští hříchu, který není k smrti, ať za něho prosí; a Bůh mu daruje život, jestliže nehřešil k smrti. Jest ovšem hřích, který je k smrti; o takovém neříkám, abyste za něj prosili.*" Jak je napsáno, můžeme vidět, že existují hříchy k smrti a také hříchy, které nejsou k smrti.

Jaké jsou tedy hříchy, které jsou k smrti a zbavují nás práva zdědit Boží království?

Židům 10:26-27 říká: „*Jestliže svévolně hřešíme i po tom, když jsme už poznali pravdu, nemůžeme počítat s žádnou obětí za hříchy, ale jen s hrozným soudem a ‚žárem ohně, který stráví Boží odpůrce.*‘“ Pokud setrváváme v hřešení i po tom, co si uvědomíme, že jde o hříchy, znamená to, že jsme se postavili proti Bohu. Takovým lidem Bůh nedává ducha pokání.

Židům 6:4-6 také říká: „*Kdo byli už jednou osvíceni a okusili nebeského daru, kdo se stali účastníky Ducha svatého a zakusili pravdivost Božího slova i moc budoucího věku, a pak odpadli, s těmi není možno znovu začínat a vést je k pokání, protože znovu křižují Božího Syna a uvádějí ho v posměch.*“ Pokud stojíte proti Bohu i potom, co uslyšíte pravdu a zakusíte skutky Ducha svatého, nebude vám dán duch pokání a nebudete spaseni.

Pokud odsuzujete skutky Ducha svatého jako skutky ďábla nebo herezi, nemůžete být rovněž spaseni, protože to znamená rouhání proti Duchu svatému a postavení se proti němu (Matouš 12:31-32).

Musíme rozumět tomu, že existují hříchy, které nemohou být odpuštěny. Takových hříchů se nesmíme nikdy dopustit. Dokonce i triviální hříchy se mohou rozvinout ve vážné hříchy, pokud se nahromadí. Proto se musíme v každém momentě držet v rámci pravdy.

5. Tříbení

Tříbení člověka se vztahuje na všechny procesy Božího stvoření lidských bytostí na této zemi a vládnutí dějinám lidstva až do dne soudu za účelem získání skutečných dětí.

Tříbení je proces, kdy farmář za úmorné dřiny, aby vypěstoval plodiny, zasadí semínka a sklidí úrodu. Bůh na této zemi rovněž zasadil první semínka Adama a Evu, aby za úmorné dřiny jejich výchovy na této zemi získal úrodu v podobě skutečných dětí. Až dodnes vede tříbení lidských bytostí. Bůh předem věděl, že se člověk zkazí svou neposlušností a on z toho bude zarmoucen. Avšak tříbí člověka až do konce, protože ví, že zde budou skutečné děti, které zavrhnou zlo díky své lásce k Bohu a které budou mít Boží srdce.

Lidé jsou stvořeni z prachu země, a tak mají vlastnosti, které jsou charakteristické pro půdu. Pokud na poli zasadíte semínka, semínka vyklíčí, vyrostou a ponesou ovoce. Můžeme vidět, že půda má moc vytvořit nový život. Také vlastnosti půdy se změní podle toho, co do ní přidáte. S lidmi je to stejné. Ti, kdo se často rozzlobí, budou mít ve své povaze více hněvu. Ti, kdo často lžou, budou mít ve své povaze více klamu. Potom, co se Adam dopustil hříchu, on a jeho potomci se stali lidmi těla a vzrůstající měrou byli velmi rychle pošpiněni nepravdou.

Z tohoto důvodu lidé musí tříbit své srdce a obnovit srdce

ducha prostřednictvím ‚tříbení člověka'. Konec konců, důvodem, proč jsou lidé tříbeni na této zemi, je to, aby tříbili své srdce a obnovili čisté srdce, které Adam míval před svým pádem. Bůh nám dal do Bible podobenství, která souvisejí s tříbením, abychom mohli porozumět jeho prozíravosti tříbení člověka (Matouš 13; Marek 4; Lukáš 8).

V Matoušovi 13 Ježíš přirovnává srdce člověka k půdě podél cesty, skalnaté půdě, trnité půdě a dobré zemi. Měli bychom zkoumat, jaký druh půdy máme a zorat ji v dobrou půdu, po které touží Bůh.

Čtyři druhy půdy v srdci

Za prvé, půda podél cesty je ztvrdlá země, po které lidé dlouhou dobu chodí. Ve skutečnosti není ani polem a žádné semínko zde nevyklíčí. Není na ní žádný život.

Půda podél cesty se v duchovním významu vztahuje na srdce těch, kteří vůbec nepřijmou evangelium. Jejich srdce je tak zatvrzelé jejich egem a pýchou, že nedojde k zasazení semínka evangelia. V době Ježíše byli židovští představení velmi svéhlaví ve svých vlastních názorech a tradicích, že odmítli Ježíše i evangelium. V dnešní době jsou ti, kdo mají srdce jako půdu podél cesty, tak svéhlaví, že neotevřou svou mysl a odmítnou evangelium, i když vidí Boží moc.

Půda podél cesty je velmi tvrdá a semínka do takové půdy nelze vůbec zasadit. A tak přilétají ptáci a sezobou je. Zde se ptáci vztahují na satana. Satan vyrve Boží slovo, takže lidé nemohou získat žádnou víru. Přijdou do církve prostřednictvím důrazného nabádání lidí, ale nechtějí uvěřit kázanému Božímu slovu. Raději vynášejí soud nad pastorem nebo kázaným slovem na základě svých vlastních myšlenek. Ti, kdo mají zatvrzelé srdce a neotevřou svou mysl, nemohou nakonec získat spasení, protože semínko Slova nemůže nést žádné ovoce.

Za druhé, skalnatá půda je poněkud lepší než půda podél cesty. Člověk podobající se půdě podél cesty nemá ani v nejmenším úmyslu přijmout Boží slovo, ale člověk se skalnatou půdou v srdci rozumí Božímu slovu, které slyší. Pokud zasadíte semínka do skalnaté půdy, semínka vyklíčí tu a tam, ale nemohou dobře růst. Marek 4:5-6 říká: *„Jiné padlo na skalnatou půdu, kde nemělo dost země, a hned vzešlo, protože nebylo hluboko v zemi. Ale když vyšlo slunce, spálilo je; a protože nemělo kořen, uschlo.“*

Ti, kdo mají srdce jako skalnatou půdu, rozumí Božímu slovu, ale nedokážou ho přijmout s vírou. Marek 4:17 říká: *„Nemají však v sobě kořen a jsou nestálí; když pak přijde tíseň nebo pronásledování pro to slovo, hned odpadají.“* Zde se ‚slovo‘ vztahuje na Boží slovo, které nám říká věci jako: „Dodržujte den odpočinku, dávejte celé desátky, neuctívejte modly, služte druhým a pokořte se.“ Když poslouchají Boží slovo, myslí si, že budou zachovávat Boží slovo, ale když čelí těžkostem, nedokážou dodržet své odhodlání. Radují se, když obdrží Boží milost, ale při těžkostech brzy změní svůj postoj. Slyšeli Boží slovo a znají ho, ale nemají sílu ho uskutečňovat, protože Boží slovo nebylo tříbeno v jejich srdci jako jistá víra.

Za třetí ti, kdo mají v srdci trnitou půdu, rozumějí Božímu slovu a začínají ho uskutečňovat. Nedokážou však Boží slovo uskutečňovat naplno a není zde žádné krásné ovoce. Marek 4:19 říká: *„...ale časné starosti, vábivost majetku a chtivost ostatních věcí vnikají do nitra a dusí slovo, takže zůstane bez úrody.“*

Ti, kdo mají takové srdce s trnitou půdou, se zdají být dobrými věřícími, kteří uskutečňují Boží slovo, ale stále čelí zkouškám a jejich duchovní růst je pomalý. To proto, že nemají zkušenosti se skutečným působením Boha a dají se oklamat světskými starostmi, vábivostí majetku a chtivostí po jiných věcech. Například dejme tomu, že jim zkrachuje podnikání a mohou jít dokonce i do vězení. Pokud jim situace umožní splatit dluh jen díky účelovým prostředkům přinášejícím osobní prospěch a satan je skrze to pokouší, pravděpodobně se nechají svést. Bůh jim může pomoci jen tehdy, když kráčejí poctivou cestou bez ohledu na to, jak těžké to je, ale oni se poddají satanovi.

Třebaže mají ochotu zachovávat Boží slovo, nedokážou opravdově poslouchat s vírou, neboť je jejich mysl naplněna lidskými myšlenkami. Modlí se, že všechno svěřují do Božích rukou, ale ve skutečnosti nejprve využívají své vlastní zkušenosti a teorie. Nejprve staví své vlastní plány, takže se jim moc dobře nedaří, třebaže se nejprve zdá, že se jim daří dobře. Jakub 1:8

říká, že tito lidé jsou rozpolcení.

Pokud tu jsou jen nějaké výhonky trnů, zdá se, že nenapáchají žádnou konkrétní škodu. Pokud však vyrostou, situace se zcela změní. Vytvoří keř a udusí ostatní dobrá semínka, takže nevyrostou. Proto, existuje-li nějaký faktor, který nám brání v poslušnosti Božího slova, musíme ho ihned vytrhnout, třebaže se zdá být triviální.

Za čtvrté, dobrá půda je země, která je úrodná a hospodář ji dobře zkypřil. Tvrdá země je zoraná a kameny a trny jsou odstraněny. Znamená to, že se zdržíte dělat věci, které Bůh zakazuje, a zavrhujete věci, které nám Bůh říká, abychom zavrhovali. Nejsou zde žádné kameny nebo jiné překážky, a když na půdu dopadá Boží slovo, dává ovoce 30, 60 nebo 100 krát více, než bylo původně zaseto. Takoví lidé obdrží odpovědi na své modlitby.

Abychom prozkoumali, jak dobře jsme tříbili srdce s dobrou půdou, můžeme vidět podle toho, do jaké míry uskutečňujcme Boží slovo. Čím lépe jste půdu tříbili, tím snadnější je pro vás žít podle Božího slova. Někteří lidé znají Boží slovo, ale nedokážou ho uvést do praxe kvůli únavě, lenosti, myšlenkám plným nepravosti a touhám. Ti, kdo mají srdce s dobrou půdou, nemají na své straně takové překážky, a tak rozumějí Božímu slovu a uskutečňují ho, jakmile ho slyší. Jen co si uvědomí, že je něco Boží vůle a líbí se to Bohu, prostě to udělají.

Zatímco tříbíte své srdce, začnete mít rádi ty, které jste

předtím nenáviděli. Dokážete nyní odpustit těm, kterým jste dříve odpustit nedokázali. Závist a odsuzování se změní v lásku a milosrdenství. Povýšená mysl se promění v pokoru a službu. Zavrhnout tímto způsobem zlo, abychom obřezali své srdce, znamená tříbit své srdce, abychom z něj učinili dobrou půdu. Když potom semínko Božího slova dopadne na srdce s dobrou půdou, rychle vyklíčí a vyroste, aby v hojnosti neslo devět druhů ovoce Ducha svatého a ovoce světla.

Jakmile změníte své srdce v dobrou půdu, můžete shůry obdržet duchovní víru. Dokážete se také vroucně modlit, abyste shůry přivolali Boží moc, jasně slyšeli hlas Ducha svatého a naplnili Boží vůli. Takoví lidé jsou druhem ovoce, které Bůh touží sklízet prostřednictvím tříbení člověka.

Charakter nádoby: pole srdce

Jedním důležitým prvkem při tříbení našeho srdce je charakter nádoby. Charakter nádoby souvisí s vlastnostmi materiálu nádoby. Ukazuje nám, jak člověk poslouchá Boží slovo, uchovává ho ve své mysli a praktikuje ho. Bible nám uvádí srovnání nádob ze zlata, stříbra, dřeva a hlíny (2 Timoteův 2:20-21).

Všechny poslouchají stejné Boží slovo, ale slyší ho rozdílně. Některé ho přijímají se slovy ‚Amen', zatímco jiné ho nechají uniknout pryč, protože nesouhlasí s myšlenkami, které vzbuzují. Některé mu naslouchají s naléhavým srdcem a snaží se ho uskutečňovat, zatímco jiné vnímají z jeho poselství požehnání, ale brzy na něj zapomenou.

Tyto odlišnosti vycházejí z rozdílností charakterů nádoby. Pokud se zaměříte na Boží slovo, které slyšíte, bude zaseto do vašeho srdce jinak, než když ho slyšíte ospalí a nesoustředění. Třebaže posloucháte stejná slova, výsledek se bude velmi lišit od uchovávání ho v hloubi svého srdce po nenucený poslech.

Skutky 17:11 říkají: *„Židé v Beroji byli přístupnější než v Tesalonice: Přijali evangelium s velikou dychtivostí a každý den zkoumali v Písmu, zdali je to tak, jak zvěstuje Pavel"* a Židům 2:1 nám říká: *„Proto se tím více musíme držet toho, co jsme slyšeli, abychom nebyli strženi proudem."*

Jestliže horlivě nasloucháte Božímu slovu, uchováváte ho v mysli a uskutečňujete ho tak, jak je, můžeme říct, že vaše nádoba má dobrý charakter. Ti, jejichž nádoba má dobrý charakter, jsou poslušní Božímu slovu, a tak mohou rychle tříbit dobrou půdu svého srdce. Potom, protože mají dobrou půdu ve svém srdci, budou přirozeně uchovávat Boží slovo hluboko ve svém srdci a uskutečňovat ho.

Dobrý charakter nádoby pomáhá tříbit dobrou půdu a dobrá půda rovněž pomáhá tříbit dobrý charakter nádoby. Jak je řečeno v Lukášovi 2:19: *„Ale Marie to všechno v mysli zachovávala a rozvažovala o tom,"* panna Marie měla dobrou nádobu k uchovávání Božího slova ve své mysli a dostalo se jí požehnání, že počala Ježíše z Ducha svatého.

1 Korintským 3:9 říká: *„Jsme spolupracovníci na Božím*

díle, a vy jste Boží pole, Boží stavba." Jsme Boží pole, které Bůh tříbí. Pokud posloucháme a dodržujeme Boží slovo ve své mysli a uskutečňujeme ho, můžeme mít čisté a dobré srdce podobající se dobré půdě a dobrou nádobu podobající se zlaté nádobě a nechat se používat pro vznešené Boží účely.

Charakter srdce: velikost nádoby

Existuje další koncepce, která souvisí s charakterem nádoby. Je to o tom, do jaké míry člověk rozšíří a používá své srdce. Charakter nádoby je o materiálu nádoby, zatímco charakter srdce je o velikosti nádoby. Může být rozčleněn do čtyř druhů.

Do první kategorie spadají ti, kdo dělají více, než se očekává. To je nejlepší charakter srdce. Například, rodiče požádají své děti, aby posbírali smetí z podlahy. Děti na to zareagují tak, že nejenom zvednou smetí, ale také zametou pokoj. Předčí tím očekávání rodičů, a tudíž jim udělají radost. Stěpán a Filip byli pouhými diákony, ale byli stejně věrní a svatí jako apoštolové. Byli v Božích očích potěšením, projevovali velikou moc a vykonali mnohá znamení a zázraky.

Do druhé kategorie spadají ti, kdo udělají jenom to, co se od nich očekává. Takoví lidé převezmou svou vlastní zodpovědnost, ale nestarají se už o druhé ani o to, v jakých situacích se nacházejí. Pokud rodiče takové děti požádají, aby posbíraly smetí z podlahy, posbírají smetí z podlahy. Mohou být uznáváni pro svou poslušnost, ale nemohou se pro Boha stát větší radostí. Někteří věřící v církvi rovněž spadají do této kategorie; prostě plní své povinnosti a už se nestarají o jiné aspekty. Takoví lidé se skutečně nemohou stát v Božích očích velikou radostí.

Do třetí kategorie spadají ti, kdo dělají se smyslem pro povinnost jen to, co musí. Neplní své povinnosti s radostí a vděčností, ale se stížnostmi a reptáním. Takoví lidé reagují negativně na všechny věci a jsou skoupí obětovat se a pomoci druhým. Pokud jsou jim přiděleny nějaké povinnosti, dokážou je konat se smyslem pro povinnost, ale pravděpodobně tím druhým ztrpčí život. Bůh se dívá do našeho srdce. Líbí se mu, když plníme své povinnosti ze svého vlastního rozhodnutí a s láskou k Bohu, než když to děláme z donucení nebo se smyslem pro povinnost.

Do čtvrté kategorie patří ti, kdo konají zlo. Takoví lidé nemají žádný smysl pro povinnost ani necítí žádnou zodpovědnost. Také neberou ohled na druhé. Trvají na svých vlastních myšlenkách a teoriích a ztrpčují život ostatním. Jestliže jsou takoví lidé pastory nebo vedoucími, kteří pečují o členy církve, nedokážou o ně pečovat s láskou, čímž ztrácejí duše nebo je nechávají klopýtat. Vždy budou svalovat vinu za nepříznivé výsledky na druhé a nakonec své povinnosti ukončí. Proto je v první řadě lepší, aby jim nebyla přidělena žádná povinnost.

Pojďme nyní prozkoumat, jaké srdce máme my. I když

není naše srdce dostatečně široké, můžeme ho změnit ve větší. Abychom tak mohli učinit, musíme v zásadě posvětit své srdce a být nádobou s dobrým charakterem. Nemůžeme mít pouze srdce s dobrým charakterem, zatímco máme jako nádoba špatný charakter. Jestliže se obětujeme s oddaností a zanícením v každém díle, je to rovněž způsob, jak tříbit dobrý charakter srdce.

Ti s dobrým charakterem srdce mohou konat před Bohem úžasné věci a vzdávat Bohu slávu. To byl také případ Josefa. Josef byl rukama svých vlastních bratrů prodán do Egypta a stal se otrokem Potífara, velitele faraónovy tělesné stráže. On však nenaříkal nad svým životem jen proto, že byl prodán jako otrok. Konal svou povinnost tak věrně, že získal důvěru svého pána a ten ho ustanovil správcem svého domu a svěřil mu všechno, co měl. Později byl křivě obviněn a uvězněn, ale byl stejně věrný jako předtím a nakonec se stal správcem celého Egypta. Zachránil zemi a svou rodinu před krutým suchem a položil základy vytvoření Izraele.

Kdyby neměl srdce s dobrým charakterem, byl by udělal pouze to, co mu jeho pán přikázal. Byl by skončil svůj život jako otrok v Egyptě nebo v žaláři. Ale Josefa si Bůh převelice používal, protože v Božích očích dělal za všech okolností, co bylo v jeho silách, a jednal s širokým srdcem.

Pšenice nebo plevy?

Od pádu Adama Bůh tříbil lidské bytosti v tomto fyzickém prostoru po velmi dlouhou dobu. Až nadejde čas, oddělí pšenici od plev a přivede pšenici do nebeského království a plevy do pekla. Matouš 3:12 říká: *„Lopata je v jeho ruce; a pročistí svůj mlat, svou pšenici shromáždí do sýpky, ale plevy spálí neuhasitelným ohněm."*

Pšenice se zde vztahuje na ty, kdo milují Boha a uskutečňují jeho Slovo, aby žili v pravdě. Na druhou stranu ti, kdo nežijí podle Božího slova, ale ve špatnosti a ne podle pravdy, a ti kdo nepřijímají Ježíše Krista a dopouštějí se skutků těla, patří k plevům.

Bůh chce, aby se každý stal pšenicí a získal spasení (1 Timoteův 2:4). Podobá se to farmářům, kteří by chtěli sklízet úrodu ze všech semínek, které zaseli na poli. V době sklizně jsou tu však vždy plevy a podobně ne každý se při tříbení člověka stane pšenicí, která může být spasena.

Pokud si tento bod v tříbení člověka neuvědomíme, může si člověk položit otázku: „Říká se, že Bůh je láska, tak proč Bůh některé spasí a jiné nechá jít cestou zkázy?" Spasení jednotlivce však není něco, o čem by Bůh rozhodoval, jak se mu zlíbí. Je to na svobodné vůli každého člověka. Každý, kdo žije ve fyzickém prostoru, si musí zvolit cestu buď do nebe nebo do pekla.

V Matoušovi 7:21 Ježíš řekl: *„Ne každý, kdo mi říká: ‚Pane, Pane,' vejde do království nebeského; ale ten, kdo činí vůli mého Otce v nebesích"* a v Matoušovi 13:49-50 (Nová smlouva – KMS): *„Tak tomu bude při skonání věku: Vyjdou andělé, oddělí zlé zprostředka spravedlivých a hodí je do ohnivé pece. Tam bude pláč a skřípění zubů."*

‚Spravedliví' se zde mají za věřící. To znamená, že Bůh oddělí plevy od pšenice mezi věřícími. I když přijali Ježíše Krista a navštěvují církev, jsou nadále zlí, pokud nenásledují Boží vůli. Jsou pouze plevami, které musejí být vhozeny do ohně pekla.

Bůh nás prostřednictvím Bible vyučuje o srdci Boha Stvořitele, prozíravosti tříbení člověka a skutečném smyslu života. Chce, abychom tříbili dobrý charakter nádoby a dobrý charakter srdce, a vzešly z nás skutečné Boží děti — pšenice v Božím království. Kolik lidí však usiluje o bezvýznamné věci na tomto světě, který je naplněn hříchy a bezprávím? Je to proto, že jsou ovládáni svou duší.

Část 2

Utvoření duše

(Fungování duše ve fyzickém prostoru)

Odkud pocházejí myšlenky člověka?

Daří se mé duši?

„Jimi boříme lidské výmysly
a všecko, co se v pýše pozvedá
proti poznání Boha.
Uvádíme do poddanství každou mysl,
aby byla poslušna Krista,
a jsme připraveni potrestat každou neposlušnost,
dokud vaše poslušnost nebude úplná."
- 2 Korintským 10:4-6

Kapitola 1

Utvoření duše

Od doby, kdy zemřel duch člověka,
převzala jeho duše místo pána člověka,
zatímco člověk žil ve fyzickém prostoru.
Duše přešla pod vliv satana a v lidech začala fungovat různými způsoby.

1. Definice duše

2. Různé způsoby fungování duše ve fyzickém prostoru

3. Temnota

Když pozorujeme taková stvoření jako netopýry, kteří nalézají svou kořist díky systému sluchové lokalizace; když vidíme lososa a různé druhy ptáků cestovat tisíce kilometrů, aby se vrátili do míst svého narození a vylíhnutí a datly, jak klovají do dřeva téměř tisíckrát za pouhou minutu, vidíme zázraky Božího stvoření.

Lidé jsou stvořeni k tomu, aby si všechny tyto věci podmanili. Vnější fyzický vzhled člověka nepůsobí tak mocným a působivým dojmem jako vzhled lva nebo tygra. Jeho sluchové nebo čichové smysly nejsou tak pronikavé jako smysly psa. Nicméně, lidé jsou nazváni pány všeho stvoření.

To proto, že mají ducha a schopnost logického myšlení a jejich mozek funguje na vyšší úrovni. Lidé mají inteligenci a dokážou rozvíjet vědu a civilizaci, aby vládli nad všemi věcmi. Toto je myslící část člověka, která souvisí s ‚duší'.

1. Definice duše

Paměťové zařízení v lidském mozku, vědomosti obsažené v paměti a myšlenky vytvořené nabýváním vědomostí se dohromady nazývají ‚duše'.

Důvod, proč musíme jasně pochopit vztah ducha, duše a těla, je abychom mohli správně pochopit fungování duše. Když se nám to podaří, můžeme obnovit takové fungování duše, po kterém touží Bůh. Chceme-li se ochránit před tím, aby nás skrze duši ovládal satan, musí být naším pánem náš duch a vládnout naší duši.

Merriam-Websterův slovník (The Merriam-Webster's Dictionary) definuje ‚duši' jako ‚nehmotnou podstatu, oživující složku nebo hnací příčinu života jednotlivce; duchovní složku včleněnou do lidských bytostí, všech rozumových a duchovních bytostí nebo vesmíru'. Biblický význam duše se však od těchto liší.

Bůh vložil do lidského mozku paměťové zařízení. Mozek má funkci pamatování si věcí. Tímto způsobem může člověk přivést vědomosti do paměťové jednotky v mozku a vybavovat si je. Když se nám obsah v paměťovém zařízení vybavuje, nazýváme to ‚myšlení'. Myšlení je tudíž obnovování a pamatování si věcí, které byly do paměti vloženy. Když se to vezme jako celek, vztahuje se paměťové zařízení, vědomosti v něm obsažené a vybavování vědomostí na ‚duši'.

Duše člověka se dá přirovnat k ukládání dat, jejich vyhledávání a využívání v počítači. Lidé mají duši, takže si mohou pamatovat a přemýšlet, a tudíž je duše pro člověka stejně důležitá jako srdce.

To, kolik dat člověk viděl, slyšel a uložil si, a jak dobře si tato data pamatuje a využívá je, je to, co utváří jeho paměťovou schopnost a inteligenci, které se od druhých lidí liší. Inteligenční kvocient neboli IQ je většinou dáno dědičně, ale může se rovněž změnit osvojenými prvky v podobě studia a zkušeností. Ačkoliv se dva lidé narodí se stejnou úrovní IQ, jejich IQ může být rozdílné podle toho, jak hodně se snaží.

Důležitost způsobu fungování duše

Způsob fungování duše se liší podle toho, jaký obsah vkládáme do paměťového zařízení. Lidé vidí, slyší a vnímají věci a každý den si mnoho z těchto věcí zapamatují. Později se na tyto věci rozpomenou, když plánují budoucnost nebo přemýšlejí a rozeznávají mezi dobrým a špatným.

Tělo je jako nádoba, která obsahuje ducha a duši. Duše sehrává důležitou roli při formování lidského charakteru, osobnosti a kritéria úsudku prostřednictvím funkce ‚přemýšlení'. Úspěch či selhání člověka jsou vysoce závislé na způsobu fungování duše člověka.

Toto je událost, která se odehrála v malé vesničce zvané Kodamuri, položené 110 km jihozápadně od Kalkaty v Indii v roce 1920. Pastor Singh a jeho žena zde byli misionáři a od místních obyvatel se doslechli o zrůdách, které se podobaly lidským bytostem a žily s vlky v jeskyni. Když pastor Singh zrůdy chytil, byly to dvě lidské dívky.

Podle deníku, který si pastor Singh vedl, byly dívky lidmi pouze podle vzhledu. Veškeré jejich chování bylo vlčí. Jedna z dívek brzy zemřela a ta druhá, kterou pojmenovali Gamara, žila s rodinou pastora Singha po dobu devíti let a zemřela na nějakou formu otravu krve zvanou uremie, při které dochází k selhání ledvin.

Během dne Gamara seděla čelem ke zdi ve tmavém pokoji a aniž by se sebeméně pohnula, dřímala. V noci však lozila okolo domu a vyla tak hlasitě jako skuteční vlci, kteří byli slyšet z dálky. Hltala jídlo bez toho, aby použila ruce. Běhala po čtyřech ‚tlapách', přičemž používala ruce přesně jako vlci tlapy. Pokud se k ní přiblížily nějaké děti, vycenila na ně své zuby, zavrčela a opustila místo.

Singhovi se snažili udělat z této vlčí dívky opravdovou lidskou bytost, ale nebylo to vůbec snadné. Až po třech letech začala jíst rukama a po pěti letech se naučila vyjadřovat ve tváři smutek a radost. Emoce, které dokázala Gamara vyjádřit předtím, než zemřela, byly na základní úrovni a podobné těm, které vyjadřují psi, kteří vrtí ocasem na důkaz radosti, když se setkají se svým pánem.

Tento příběh nám vypovídá o tom, že duše člověka má přímý vliv na to, aby udělala z člověka člověka. Gamara vyrůstala v prostředí, kde viděla pouze chování vlků. Protože se jí nemohly do mozku ukládat vědomosti potřebné pro vývoj lidské bytosti, její duše se nemohla rozvíjet. Protože vyrostla s vlky, nemohla jinak, než se chovat jako vlk.

Rozdíl mezi lidmi a zvířaty

Lidé se skládají z ducha, duše a těla. Nejdůležitějším z těchto tří prvků je duch. Lidského ducha nám dává Bůh, který je sám duchem a nemůže být nikdy zcela uhašen. Tělo umírá a navrací se v hrstku prachu, ale duch a duše zůstávají a jdou do nebe nebo do pekla.

Když Bůh stvořil zvířata, nevdechl do nich dech života jako do lidských bytostí, takže se zvířata skládají pouze z těla a duše. Zvířata mají v mozku také paměťovou jednotku. Dokážou si v průběhu svého života zapamatovat, co viděla a slyšela. Protože však nemají ducha, nemají duchovní srdce. Co vidí a slyší je obsaženo pouze v jednotce paměťového prostředí mozkových buněk.

Kazatel 3:21 říká: „*Kdo ví, zda duch lidských synů stoupá vzhůru a duch zvířat sestupuje dolů k zemi?*" Tento verš říká ‚duch lidských synů'. Slovo ‚duch', které zde představuje duši člověka, se používá proto, že ve starozákonní době, než přišel Ježíš na tuto zemi, byl ten duch, který zůstal v člověku, ‚mrtvý'. Proto, ať byli spaseni nebo ne, když zemřeli, říkalo se, že je opustila jejich ‚duše' nebo ‚duch'. Duše člověka ‚stoupající vzhůru' znamená, že jejich duše nemizí, ale jde buď do nebe nebo do pekla. Na druhou stranu, duše zvířat sestupuje dolů k zemi, což znamená, že hasne a zaniká. Když umírají zvířata, umírají jejich mozkové buňky a obsah jejich mozku rovněž přestává existovat. Jejich duše již nadále žádným způsobem nefunguje. V některých mýtech nebo příbězích se mstí lidem černé kočky nebo hadi, takové příběhy bychom však neměli pokládat za pravdivé.

Duše zvířat určitým způsobem funguje, ale je to omezený způsob fungování, který je nezbytný pro jejich přežití. Vyplývá to z jejich instinktů. Instinktivně cítí strach ze smrti. Jsou-li ohrožena, mohou klást odpor nebo projevovat strach, ale nedokážou se mstít. Zvířata nemají ducha, takže nemohou hledat Boha. Mohou ryby přitom, jak plavou ve vodě, přemýšlet o způsobech, jak se setkat s Bohem? Člověk má však zcela rozdílnou dimenzi způsobu fungování duše, která je mnohem komplikovanější než dimenze, ve které funguje duše zvířat. Lidé mají schopnost přemýšlet o věcech, které nejsou pouze instinktivními myšlenkami o přežití. Dokážou rozvíjet civilizace, přemýšlet o významu života nebo rozvíjet filozofické či náboženské myšlenky.

Lidem funguje duše na úrovni vyšší dimenze, protože jsou kromě těla a duše obdařeni také duchem. Dokonce i ti lidé, kteří nevěří v Boha, mají ducha. To do určité míry vysvětluje, že mohou mlhavě vnímat duchovní svět a vnímat pocit strachu ze života po smrti. S duchem, který je stejný, jako by byl mrtvý, je zcela ovládá jejich duše. Ovládáni svou vlastní duší se dopouštějí hříchů a nakonec v důsledku toho směřují do pekla.

Člověk duše

Když byl stvořen Adam, byl duchovní bytostí, která komunikovala s Bohem. Tudíž byl jeho duch jeho pánem a duše byla něco jako služebník, který poslouchal jeho ducha. Samozřejmě, i tehdy měla duše funkci zapamatovávání a přemýšlení, ale protože zde nebyla nepravda nebo zlé myšlenky, duše pouze následovala instrukce ducha, který poslouchal Boží slovo.

Ale potom, co Adam pojedl ze stromu poznání dobrého a zlého a jeho duch zemřel, stal se člověkem duše, kterého ovládal satan. Začaly do něj vstupovat myšlenky a jednání nepravdy. Nyní se člověk stoupající měrou vzdaloval od pravdy, protože satan ovládal jeho duši a vedl ho na cestu nepravdy. Proto jsou lidé duše ti, jejichž duch zemřel a nedokážou od Boha přijímat žádné poznání ducha.

Lidé duše, jejichž duch zemřel, nemohou získat spasení. To byl případ Ananiáše a Safiry v dobách rané církve. Věřili v Boha, ale neměli opravdovou víru. Byli podníceni satanem, aby lhali Duchu svatému a Bohu. Co se jim stalo?

Ve Skutcích 5:4-5 čteme: *„‚Nelhal jsi lidem, ale Bohu!‘ Když to Ananiáš uslyšel, skácel se a byl mrtev; a na všechny, kteří to slyšeli, padla velká bázeň.“*

Protože se zde pouze říká ‚skácel se a byl mrtev‘, můžeme z toho usoudit, že nebyl spasen. Na druhou stranu, Štěpán byl člověkem ducha, který zachovával Boží vůli. Měl dostatečně velikou lásku na to, aby se modlil za ty, kteří ho kamenovali. Když byl mučen k smrti, svěřil svého ‚ducha' do rukou Pána.

Skutky 7:59 říkají: *„Když Štěpána kamenovali, on se modlil: ‚Pane Ježíši, přijmi mého ducha!'"* Obdržel Ducha svatého tím, že přijal Ježíše Krista, jeho duch byl oživen, a tudíž se mohl modlit: „...přijmi mého ducha!" Znamená to, že byl spasen. Existuje verš, který říká pouze ‚život' místo ‚duše' nebo ‚ducha'. Když Elijáš oživil dítě vdovy ze Sarepty, je zde řečeno, že se do dítěte navrátil život. *„Hospodin Elijášův hlas vyslyšel, do dítěte se navrátil život a ožilo"* (1 Královská 17:22).

Jak je zmíněno, ve starozákonní době lidé nezískávali Ducha svatého a jejich duch nemohl být oživen. Tudíž Bible neříká ‚duch', třebaže dítě bylo spaseno.

Proč Bůh nařídil zničit všechny Amálekovce?

Když synové Izraele vyšli z Egypta a kráčeli vpřed do Kenaanu, postavila se jim do cesty armáda Amálekovců. Nebáli se Boha, který byl se syny Izraele ani potom, co slyšeli o velikých Božích skutcích, které se udály v Egyptě. Napadli syny Izraele mezi všemi opozdilci v zadním voji, kde byli ochablí a unavení (Deuteronomium 25:17-18).

Bůh později nařídil králi Saulovi, aby všechny Amálekovce zničil (15. kapitola 1 Samuelovy) právě kvůli tomu. Bůh mu nařídil, aby zabil všechny muže, ženy a děti, mladé i staré, a dokonce i jejich dobytek.

Pokud nemáme porozumění ducha, nemůžeme takové nařízení pochopit. Někdo se může podivovat: „Bůh je dobrý a je láska. Proč by dával takový krutý příkaz k zabíjení lidí, jako by byli zvířata?“

Pokud však rozumíte duchovnímu významu této události, potom můžete chápat, proč to Bůh nařídil. Zvířata mají také paměťovou schopnost, takže když jsou trénována, pamatují si to a poslouchají své pány. Protože však nemají ducha, navrátí se zpět jen jako hrstka prachu. V Božích očích nemají žádnou hodnotu. Podobně ti, jejichž duch je mrtev a kteří nemohou být spaseni, propadnou peklu a podobně jako bezduchá zvířata nemají pro Boha žádnou hodnotu.

Amálekovci byli obzvláště lstiví a krutí. Bez ohledu na to, kolik času by jim bylo přidáno, neměli by více vyhlídek k obrácení či pokání než na počátku. Kdyby býval existoval někdo, kdo by byl spravedlivý nebo někdo, u koho by existovala možnost, že bude činit pokání nebo se odvrátí od svých cest, Bůh by se býval pokusil ho spasit všemi prostředky. Pamatujte na Boží příslib, že nezničí Sodomu a Gomoru plné hříchů, když se najde jen deset spravedlivých mužů ve městě.

Bůh je plný milosrdenství a pomalý k hněvu. Ale co se týče Amálekovců, neměli vůbec žádnou šanci získat spasení bez ohledu na to, kolik času by jim bylo dáno. Nebyli pšenicí, ale plevami, které propadnou zkáze. To je důvod, proč Bůh nařídil zničit všechny Amálekovce, kteří se postavili proti Bohu.

V Kazateli 3:18 čteme: „*Řekl jsem si v srdci: ‚To se stane kvůli synům lidským, aby je Bůh tříbil, aby nahlédli, že je to s nimi jako se zvířaty.*‘“ Když je Bůh tříbil, nelišili se od zvířat. Ti, jejichž duch je mrtev, fungují pouze s duší a tělem, a tak jednají jako zvířata. Samozřejmě, že v dnešním světě plném hříchu existuje mnoho lidí, kteří jsou ještě horší než zvířata. Očividně nemohou být spaseni. Na jednu stranu, zvířata umírají a jen zahynou. Na druhou stranu, pokud nejsou lidé spaseni, musí jít do pekla. Nakonec jsou na tom daleko hůř a podřadněji než zvířata.

2. Různé způsoby fungování duše ve fyzickém prostoru

V původním člověku byl pánem člověka duch, ale kvůli Adamovu hříchu jeho duch zemřel. Duchovní energie začala unikat a nahradila ji tělesná energie. Od té doby začala duše fungovat způsobem náležející nepravdě.

Existují dva druhy fungování duše. Jeden patří tělu a druhý patří duchu. Když byl Adam duchovně živým tvorem, byl zásobovaný pouze pravdou přímo od Boha. Takto jeho duše fungovala pouze způsobem náležejícím duchu. Takový způsob fungování duše patřil pravdě. Když ale jeho duch zemřel, začala duše fungovat způsobem náležejícím nepravdě.

V Lukášovi 4:6 čteme: *„A řekl: ‚Tobě dám všechnu moc i slávu těch království, poněvadž mně je dána, a komu chci, tomu ji dám.'"* Toto je scéna, kdy ďábel pokouší Ježíše. Ďábel říká, že mu byla dána veškerá autorita a ne, že ji měl od počátku. Adam byl stvořen jako pán všeho stvoření, ale protože dopřál sluchu hříchu, stal se otrokem ďábla. Z tohoto důvodu byla Adamova autorita předána ďáblu a satanovi. Od té doby se duše stala pánem člověka a všichni lidé se dostali pod vládu nepřítele ďábla a satana.

Satan nemůže vládnout nad duchem ani nad pravdivým srdcem člověka. Vládne duši člověka, aby mu vzal srdce. Satan vkládá do myšlenek člověka různé nepravdy. Do té míry, do jaké se zmocní způsobu fungování duše člověka, může také ovládat srdce člověka.

Když byl Adam duchovně živým tvorem, měl pouze poznání pravdy, a tak bylo samotné jeho srdce jeho duchem. Avšak od té doby, kdy byla komunikace s Bohem přerušena, nemohl již být zásobován poznáním pravdy nebo duchovní energií. Namísto toho začal přijímat poznání nepravdy, které mu dodával satan skrze jeho duši. Toto poznání nepravdy začalo v srdci člověka utvářet srdce nepravdy.

Zničení způsobu fungování duše náležejícího tělu

Řekli jste někdy necitlivá slova nebo udělali něco hrubého, o čem jste si nikdy nemysleli, že řeknete nebo uděláte? To proto, že člověka ovládá duše. Protože duše obestírá ducha, náš duch může být aktivní pouze tehdy, když prolomíme způsob fungování duše, který patří tělu. Jak tedy můžeme zničit způsob fungování duše náležející tělu? Nejdůležitější věcí je, že musíme uznat skutečnost, že naše poznání a představy nejsou správné. Až potom můžeme být připraveni přijmout Slovo pravdy, které se liší od našich vlastních představ.

Aby prolomil chybné představy lidí, používal Ježíš podobenství (Matouš 13:34). Nedokázali porozumět duchovním věcem, protože jejich semínko života bylo přidušeno duší, a tak se Ježíš snažil, aby to lidé pochopili za použití podobenství, ve kterých používal věci tohoto světa. Avšak ani farizejové ani jeho učedníci mu nerozuměli. Všechno si vyložili standardně podle svých ustálených představ a tělesných myšlenek nepravdy, a tudíž

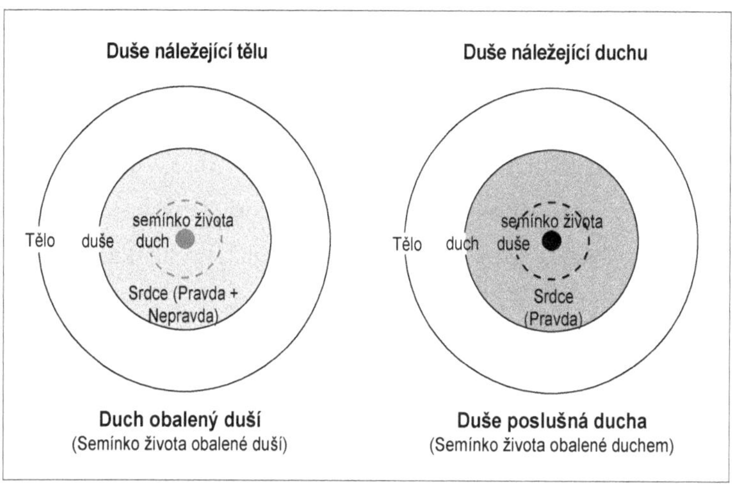

nemohli pochopit nic duchovního.

Zákoníci té doby odsoudili Ježíše za uzdravení nemocného muže v sobotu. Pokud nad tím přemýšlíte se zdravým rozumem, můžete vidět, že Ježíš je člověk, ke kterému se Bůh přiznává a miluje ho, protože projevoval moc, kterou mohl projevovat pouze Bůh. Tito zákoníci však nedokázali porozumět Božímu srdci kvůli tradicím otců a svým vlastním mentálním stereotypům. Ježíš se snažil o to, aby pochopili své mylné představy a vlastní vytvořená pojetí.

Lukáš 13:15-16 říká: *„Na to Pán odpověděl: ‚Pokrytci! Neodvazuje každý z vás v sobotu vola nebo osla od žlabu a nevede ho napájet? A tato žena, dcera Abrahamova, kterou držel satan spoutanou po osmnáct let, neměla být vysvobozena* *z těchto pout v den sobotní?'"*

Jen to dořekl, všichni jeho protivníci byli zahanbeni; a celý zástup se radoval nad všemi slavnými věcmi, které vykonal. Ve skutečnosti měli šanci si uvědomit své nesprávné mentální stereotypy. Ježíš se pokusil prolomit lidské myšlenky, protože lidé otevřou své srdce až poté, co je otřeseno jejich myšlenkami.

Podívejme se na Zjevení 3:20, kde čteme:

> *Hle, stojím přede dveřmi a tluču; zaslechne-li kdo můj hlas a otevře mi, vejdu k němu a budu s ním večeřet a on se mnou.*

V tomto verši ‚dveře' symbolizují bránu k myšlenkám, tudíž k ‚duši'. Pán tluče na dveře k našim myšlenkám Slovem pravdy. Otevřeme-li v té chvíli dveře ke svým myšlenkám, tedy pokud prolomíme svou duši a přijmeme Slovo od Pána, dveře našeho srdce se otevřou. Když tímto způsobem přichází do našeho srdce Slovo od Boha, začínáme uskutečňovat Boží slovo. To znamená ‚večeřet' s Pánem. Pokud přijmeme Boží slovo s ‚Amen', třebaže Slovo není v souladu s našimi myšlenkami nebo teoriemi, potom můžeme prolomit nepravdivý způsob fungování duše.

Jak je vysvětleno výše, musíme nejprve otevřít dveře ke svým myšlenkám a potom dveře ke svému srdci, aby mohlo evangelium dosáhnout k semínku života, které obklopuje duše člověka. Hodně se to podobá situaci, kdy host navštíví jiný dům. Aby se host, který je venku před domem, setkal s hostitelem, musí otevřít hlavní bránu, vejít k domu a poté otevřít dveře od zápraží, aby se dostal do obývacího pokoje.

Existuje mnoho způsobů, jak zničit takový způsob fungování duše, který patří tělu. Abychom připravili lidi na to, aby otevřeli dveře ke svým myšlenkám a ke svému srdci a mohli přijmout evangelium, je pro některé lidi lepší, když jim dáme logická vysvětlení, zatímco pro jiné je lepší, když uvidí Boží moc nebo uslyší dobrá podobenství či alegorie. Také potřebujeme neustále bořit nepravdivý způsob fungování duše v růstu víry u těch, kdo již přijali evangelium. Existuje mnoho věřících, kteří nepokračují v růstu ve víře a v duchu. To proto, že nemají pokračující duchovní uvědomění kvůli svému způsobu fungování duše náležejícímu tělu.

Vytváření vzpomínek

Abychom dospěli k žádoucímu způsobu fungování duše, potřebujeme vědět, jakým způsobem se ukládají přijímané poznatky ve formě vzpomínek. Občas něco s určitostí vidíme nebo slyšíme, ale později si stěží na něco z toho vzpomeneme. Na druhou stranu si něco zapamatujeme tak jasně, že to nezapomeneme ani po velmi dlouhé době. Tento rozdíl vychází z metody použité k uložení věcí do našeho paměťového systému.

První metoda ukládání do paměti je pouhé bezděčné všimnutí. Něco slyšíme nebo vidíme, ale vůbec tomu nevěnujeme pozornost. Dejme tomu, že se vracíte zpět vlakem do svého rodného města. Z okna vidíte lány pšenice a jiných plodin. Pokud vás však zaměstnávají jiné myšlenky, tak potom, co přijedete do svého rodného města, si nemůžete úplně vzpomenout, co jste po cestě z vlaku viděli. Také, pokud studenti ve třídě sní s otevřenýma očima, nemohou si vzpomenout, o čem hodina výuky byla.

Za druhé máme nenucenou paměť. Když z okna vlaku uvidíte lány pšenice, můžete si to spojit se svými rodiči. Když uvidíte pole, vzpomenete si na otce, který má své hospodářství a později si dokážete matně vzpomenout na to, co jste viděli. Také v hodině si studenti mohou jen nenuceně pamatovat to, co učitel říká. Dokážou si vzpomenout, co slyšeli, hned po vyučovací hodině, ale o několik dnů později na to zapomenou.

Za třetí jde o zapsání do paměti. Pokud jste také farmáři, tak když uvidíte lány pšenice nebo jiných plodin, budete tomu, co vidíte, věnovat pozornost. Pečlivě se podíváte, jak dobře je o pole postaráno, jak jsou postavené skleníky a využijete to ve svém vlastním hospodářství. Věnujete tomu pozornost a dobře si to zapíšete do svého mozku, abyste si zapamatovali podrobnosti i potom, co dorazíte do svého města. Dejme tomu, že učitel ve třídě řekne: „Hned po skončení této hodiny si napíšeme test. Za každou špatnou odpověď se vám odečte pět bodů.“ Za těchto okolností se studenti pravděpodobně pokusí zkoncentrovat a zapamatovat si z výuky ve třídě co nejvíce. Tento druh paměti vydrží relativně déle než ty předchozí.

Za čtvrté jde o zapsání do paměti v mozku i v srdci. Dejme tomu, že sledujete smutný film. Vcítíte se do herce a ponoříte se do příběhu natolik, že se rozpláčete. V takovém případě se příběh zapíše nejenom do vaší paměti, ale také do vašeho srdce. Tudíž se film s pocity zapíše do vašeho srdce stejně jako do paměti vašich mozkových buněk. Věci, které jsou pevně uloženy jak do paměti v mozku, tak do srdce, zůstanou tak dlouho, dokud nebudou poškozeny mozkové buňky. Také, i když dojde k poškození mozku, to co je v srdci, stále zůstává.

Pokud se malé dítě stane svědkem dopravní nehody, při které zemře jeho matka, zažije hrozný šok! V takovém případě se scéna a smutné emoce zapíšou hluboko do jeho srdce. Zapíšou se jak do jeho paměti, tak do jeho srdce, takže je pro něj velmi obtížné na to zapomenout. Podívali jsme se na čtyři metody zapamatovávání. Pokud tomu dobře porozumíme, pomůže nám to ovládat způsob fungování naší duše.

Věci, na které chcete zapomenout, ale neustále se vám připomínají

Občas se nám neustále připomínají věci, které si nechceme pamatovat. Z jakého důvodu? To proto, že jsou usazené jak v mozku, tak v srdci společně s emocemi.

Dejme tomu, že někoho nenávidíte. Kdykoliv na něj pomyslíte, trpíte kvůli nenávisti, kterou k němu chováte. V takovém případě musíte nejprve přemýšlet o Božím slově. Bůh nám říká, abychom milovali i své nepřátele a Ježíš se modlil za ty, kteří ho křižovali, aby jim bylo odpuštěno. Srdce, po kterém Bůh touží, je plné dobroty a lásky. Musíme tedy vytrhnout nepravdivé srdce, které nám dal nepřítel ďábel a satan.

Pokud vezmeme v úvahu základní příčinu, ve většině případů si uvědomíme, že druhé nenávidíme kvůli triviálním věcem. Co znamená, že neposloucháme Boží slovo, si můžeme uvědomit, pokud nad sebou přemítáme u 13. kapitoly 1 Korintským, která říká, že máme usilovat o prospěch druhých, být mírní a chápaví k druhým. Až si uvědomíme, že nejednáme správně, může se nenávist z našeho srdce postupně vytratit. Pokud vnímáme a přijímáme na prvním místě dobro, nemusíme trpět špatnými myšlenkami. Třebaže druzí udělají něco, co se vám nelíbí, nebudete vůči nim chovat nenávist do té míry, do jaké přijímáte pocity dobra a myslíte si: „Musejí mít důvod."

Musíme vědět, co je to, co se přijímá spolu s nepravdou

Co tedy musíme udělat s nepravdou, kterou jsme již přijali spolu s nepravdivými emocemi?

Jestliže je něco zasazeno v hloubi vašeho srdce, bude se vám to připomínat, i když se snažíte vědomě na to nemyslet. V takovém případě bychom měli změnit emoce s touto záležitostí spojené. Spíše než se snažit na to nemyslet, změňte své myšlení. Například můžete změnit své smýšlení o někom, koho nenávidíte. Můžete začít přemýšlet z jeho úhlu pohledu a pochopit, jak mohl jednat způsobem, kterým ze své pozici jednal.

Také můžete přemýšlet o jeho dobrých stránkách a modlit se za něho. Když se budete snažit promlouvat k němu vřelými a utěšujícími slovy, dáte mu nějaké malé dárečky a projevíte mu skutky lásky, nenávistné emoce se promění v emoce lásky. Potom již nebudete nadále trpět, když na něj pomyslíte.

Předtím, než jsem přijal Pána, a když jsem byl po dobu sedmi let upoután na lůžku, jsem nenáviděl velmi mnoho lidí. Neměl jsem žádné léky a byl jsem připraven o veškerou naději do života. Dluhy se pouze zvětšovaly a moje rodina byla téměř rozbitá. Moje manželka musela vydělávat na živobytí a moji příbuzní moji rodinu nevítali, protože jsme se pro ně stali břemenem.

Také veškeré dobré vztahy mezi mými bratry byly rozbité. V té době jsem pouze přemýšlel o své obtížné situaci a měl jsem na ně vztek za to, že se mě zřekli. Cítil jsem zášť ke své ženě, která se často balila a opouštěla mě a k jejím rodinným příslušníkům, kteří zraňovali mé city tvrdými slovy. Kdykoliv jsem je uviděl, jak se na mě dívají očima plnýma pohrdání, moje nenávist a vztek ještě vzrostly. Jednoho dne však všechna nevraživost a nenávist odešly.

Jak jsem přijal Pána a poslouchal Boží slovo, uvědomil jsem si svou chybu. Bůh nám říká, abychom milovali i své nepřátele a dal svého jediného jednorozeného Syna za nás jako oběť usmíření. Jaký člověk jsem to ale byl, že jsem měl vztek a cítil zášť! Začal jsem přemýšlet z jejich úhlu pohledu. Dejme tomu, že bych měl sestru a ona by si vzala nezpůsobilého manžela. Musela by těžce pracovat, aby vydělala na živobytí. Co bych si pak o celé situaci myslel? Když jsem o tom začal přemýšlet z jejich úhlu pohledu, dokázal jsem je pochopit a uvědomil jsem si, že všechna vina byla na mé straně.

Jakmile jsem změnil své myšlení, byl jsem členům manželčiny rodiny spíše vděčný. Občas nás zásobili rýží nebo jinými nezbytnostmi a za to jsem byl vděčný. Díky tomuto těžkému období jsem přijal Pána a dozvěděl se o nebi, za to jsem byl také velmi vděčný. Když jsem změnil své myšlení, byl jsem vděčný za to, že jsem byl nemocný a za to, že jsem potkal svou ženu. Všechna má nenávist se proměnila v lásku.

Způsob fungování duše náležející nepravdě

Pokud vaše duše funguje způsobem náležejícím nepravdě, můžete ubližovat nejenom sobě, ale také lidem okolo sebe. A tak nyní pojďme popřemýšlet o běžných případech fungování duše náležejících nepravdě, které můžeme snadno nalézt ve svém každodenním životě.

Za prvé je to nepochopení druhých a neschopnost porozumět druhým nebo je přijímat.

Ohledně toho, co je správné, lidé projevují různý vkus, hodnoty a vytvářejí různá pojetí. Někteří lidé mají rádi oslnivý a jedinečný styl oblékání, zatímco jiným se líbí jednoduchý a vkusný styl. Dokonce i co se týče stejného filmu, někteří lidé ho mají za zajímavý, zatímco druhým připadá nudný.

Díky těmto rozdílům začneme mít z druhých, kteří se od nás velmi liší, nepříjemné pocity, aniž bychom si toho povšimli. Jeden člověk má společenskou a otevřenou osobnost a dokáže bez obalu mluvit o tom, co se mu nelíbí. Jiný člověk nedokáže své pocity dobře vyjádřit a zabere mu mnoho času, než se o něčem rozhodne, protože do detailů přemýšlí nad všemi možnostmi. Na jednu stranu se prvnímu uvedenému zdá ten druhý pomalý nebo nedostatečně svižný. Na druhou stranu může druhý jmenovaný vnímat toho prvního jako zbrklého a poněkud agresivního a chce se mu vyhnout.

Pokud nedokážete porozumět druhým nebo je přijímat, jde o způsob fungování duše náležející nepravdě. Máme-li rádi jen to, co se líbí nám a pokud si myslíme, že je správné jen to, co se zdá správné nám z našeho pohledu, potom nemůžeme opravdově porozumět druhým nebo je přijímat.

Za druhé je to vynášení soudu.

Soudit znamená udělat si úsudek o osobě nebo věci na základě našich vlastních stereotypů myšlení nebo pocitů. V některých zemích je neslušné se vysmrkat, zatímco sedíte u večeře nebo oběda. V jiných zemích je to naprosto v pořádku. V některých zemích pokládají za neslušné plýtvat jídlem, zatímco v jiných zemích je to přijatelné a nechat trochu jídla je dokonce gestem zdvořilosti.

Jeden člověk viděl druhého jíst rukama a zeptal se ho, zda se mu nezdá nehygienické jíst rukama. Na to druhý člověk odpověděl: „Umyl jsem si ruce, takže vím, že je to hygienické. Nevím ale, jak čistý je tento nůž a vidlička. Takže mé ruce jsou určitě hygieničtější." Podle toho, v jakém prostředí vyrůstáme a jaké věci se učíme, budou se naše emoce a myšlenky i ve stejné situaci odlišovat. Proto nesmíme soudit mezi správným a špatným za pomoci lidských kritérií, které nejsou pravdou.

Někteří lidé vynášejí soudy a myslí si, že druzí by udělali stejnou věc, jakou udělali oni. Ti, kdo mluví lži, si myslí, že druzí by udělali to samé. Ti, kdo se těší z pomlouvání, si myslí, že druzí by udělali to samé.

Dejme tomu, že uvidíte muže a ženu, které dobře znáte, jak stojí společně u hotelu. Můžete poté vynést soud jako: „Museli být v hotelu společně. Myslím, že se na sebe tak zvláštně dívali."

Neexistuje ale způsob, jak byste se mohli dovědět, zda tento muž a žena spolu hovořili v kavárně hotelu nebo se přihodilo, že na sebe na ulici narazili. Pokud vynesete soud a odsoudíte je a rozšíříte takovou věc mezi druhé lidi, mohou tito lidé kvůli falešné pomluvě utrpět velikou křivdu, nepřízeň nebo ztrátu.

Irelevantní odpovědi také vycházejí ze souzení. Pokud se

zeptáte člověka, který chodí do práce často pozdě: „Kdy jsi dneska dorazil do práce?“, potom vám může odpovědět: „Dneska jsem nepřišel pozdě.“ Pouze jste se ho zeptali, kdy přišel, ale on si domyslel, že ho soudíte a reagoval zcela irelevantní odpovědí.

V 1 Korintským 4:5 čteme: *„Nevyslovujte proto soudy předčasně, dokud Pán nepřijde. On vynese na světlo to, co je skryto ve tmě, a zjeví záměry srdcí; tehdy se člověku dostane chvály od Boha.“*

Ve světě existuje tolik soudů a odsuzování, nejenom na úrovni jednotlivce, ale i na úrovni rodin, společností, politiky a dokonce i zemí. Takové zlo pouze způsobuje svár a přináší neštěstí. Lidé žijí s rozsáhlými soudy, ale tuto skutečnost si dokonce ani neuvědomují. Samozřejmě, že občas mohou být jejich soudy správné, ale ve většině případů nejsou. Třebaže jsou správné, souzení samotné je špatné a Bůh ho zakazuje. A tak nesmíme soudit.

Za třetí je to odsuzování.

Lidé nejenom soudí druhé svými vlastními myšlenkami, ale také je odsuzují. Někteří lidé trpí nesmírnou duševní bolestí v důsledku nepřátelských komentářů o sobě na webu. Vynášení soudu a odsuzování se v našem každodenním životě odehrává často. Jestliže vás člověk míjí, aniž by vás pozdravil, můžete ho odsoudit, protože se provinil tím, že vás záměrně ignoroval. Možná se tak stalo, protože vás nepoznal nebo se mohl zaobírat jinými myšlenkami, ale vy jednoduše pokračujete a odsuzujete ho svými vlastními myšlenkami.

Proto nás Jakubův list 4:11-12 varuje:

> *Bratří, nesnižujte jeden druhého. Kdo snižuje nebo odsuzuje bratra, snižuje a odsuzuje zákon. Jestliže však odsuzuješ zákon, neplníš zákon, nýbrž stavíš se nad něj jako soudce. Jeden je zákonodárce i soudce; on může zachránit i zahubit. Ale kdo jsi ty, že odsuzuješ bližního?*

Soudit nebo odsuzovat druhé je domýšlivost spočívající v tom, že jednáte jako Bůh. Takoví lidé už odsoudili sami sebe. Ještě vážnějším problémem je soudit nebo odsuzovat duchovní věci. Někteří lidé soudí a odsuzují mocné Boží skutky nebo Boží prozíravost v rámci svých mentálních stereotypů a vědomostí.

Pokud někdo řekne: „Byl jsem modlitbou uzdraven z nevyléčitelné nemoci!“, potom tomu ti, kdo mají dobré srdce, uvěří. Ale jiní budou soudit, co bylo řečeno a myslet si: „Jak může nemoc vyléčit pouhá modlitba? To musela být špatně určená diagnóza nebo si jen myslí, že je mu lépe.“ Další ho mohou dokonce odsuzovat a říkat, že si vymýšlí. Vynášejí soudy a odsuzují dokonce záznamy v Bibli o rozdělení Rudého moře, zastavení slunce a měsíce a proměnění hořké vody ve sladkou a mají za to, že to jsou pouhé mýty.

Někteří lidé říkají, že věří v Boha a přesto soudí a odsuzují skutky Ducha svatého. Jestliže člověk říká, že se mu otevřel jeho duchovní zrak, takže může vidět duchovní svět nebo že komunikuje s Bohem, ledabyle řeknou, že se mýlí a jde o mystiku. Takové skutky jsou s určitostí zapsány v Bibli, ale oni tyto věci odsuzují v rámci stereotypu svého osobního přesvědčení.

V Ježíšově době existovalo hodně takových lidí. Když Ježíš uzdravil nemocného v sobotu, měli se zaměřit na skutečnost, že se skrze Ježíše projevila Boží moc. Kdyby to nebylo v souladu s Boží vůlí, v první řadě by se takový skutek skrze Ježíše vůbec neodehrál. Farizejové však soudili a odsuzovali Ježíše, Božího Syna, v rámci svých vlastních vytvořených pojetí a mentálních stereotypů. Jestliže soudíte a odsuzujete Boží skutky, i když je to jen proto, že dobře neznáte pravdu, je to stále těžký hřích. Musíte být velmi opatrní, protože pokud se postavíte proti Duchu svatému, budete proti němu mluvit nebo se proti němu rouhat, nebudete mít šanci k pokání.

Čtvrtý způsob fungování duše v nepravdě je vyvodit si chybná nebo mylná poselství.

Když předáváme dál slova, máme sklon do nich vnést své vlastní emoce a myšlenky a tímto jejich poselství překroutíme. I když předáme dál naprosto přesná slova, původně zamýšlený význam může být pozměněn výrazem tváře a tónem hlasu. Například, i když na někoho zavoláme stejným slovem „hej!“, tak když na něj zavoláme přátelským a mírným hlasem a když na něj zavoláme hrubým a hněvivým hlasem, propůjčí to našemu zavolání zcela jiný význam. Kromě toho, pokud nedokážeme předat dál přesně stejná slova, ale změníme je v naše vlastní slova, původní význam se velmi často překroutí.

Tyto příklady můžeme nalézt ve svém každodenním životě stejně jako taková zveličování nebo zkrácení toho, co bylo řečeno. Občas se zcela změní kontext. „Není to pravda?" se pozmění v „Je to pravda, že jo?" a „Plánujeme..." nebo „Možná, že..." se pozmění na „Vypadá to, že budeme..."

Pokud však máme pravdivá srdce, nebudeme překrucovat fakta svým vlastním způsobem myšlení. Do té míry, do jaké se zbavíme zlého srdce a charakteru v podobě usilování o svůj vlastní prospěch, nesnahy být přesní, rychlého souzení a špatné mluvy o druhých, budeme schopni předávat slova dál s větší přesností. Počínaje Janem 21:18 začíná Slovo Pána Ježíše o mučednické smrti Petra. Říká: *„Amen, amen, pravím tobě, když jsi byl mladší, sám ses přepásával a chodil jsi, kam jsi chtěl; ale až zestárneš, vztáhneš ruce a jiný tě přepáše a povede, kam nechceš."*

Poté byl Petr zvědavý, co se stane s Janem a zeptal se. *„Pane, co bude s ním?"* (v. 21) Na to Ježíš odpověděl: *„Jestliže chci, aby tu zůstal, dokud nepřijdu, není to tvá věc. Ty mne následuj!"* (v. 22) Jak si myslíte, že si tato slova přebrali ostatní učedníci? Bible říká, že si řekli, že tento učedník nezemře. Ježíš tím myslel, že to není Petrova věc starat se o Jana, i kdyby Jan žil až do doby, než se Pán vrátí. Učedníci předali zcela chybné poselství tím, že do slov vnesli své vlastní myšlenky.

Za páté jsou to negativní emoce nebo hrubost.

Protože v sobě máme tělesné, špatné emoce jako jsou zklamání, zraněná pýcha, žárlivost, hněv a nepřátelství, plyne z nich nepravdivý způsob fungování duše. Dokonce i u stejného slova, které slyšíme, se naše reakce mohou lišit podle našich pocitů.

Dejme tomu, že šéf ve společnosti řekne svému pracovníkovi: „Neumíš odvést lepší práci?" a poukazuje na jeho chybu. V této situaci to někteří lidé přijmou s pokorou, usmějí se a řeknou: „Samozřejmě, že umím a příště to i lépe udělám." Avšak ti, kteří měli stížnosti na šéfa, mohou vnímat z poznámky hrubost či vztek. Mohou si pomyslet: ‚Musí se mnou mluvit tak drsně?' nebo ‚A co on? Nedělá pořádně ani svou vlastní práci.'

Nebo vám dá šéf radu typu: „Myslím, že by bylo lepší, kdybys tuhle část spravil takto." Potom to někteří z vás jednoduše akceptují a řeknou: „To je taky dobrý nápad. Děkuji vám za radu," a vezmou tuto radu v potaz. Někteří lidé se však v takové situaci cítí nepříjemně a jejich pýcha je zraněna. Kvůli těmto špatným emocím si občas postěžují a myslí si: ‚Dělal jsem, co bylo v mých silách, abych tu práci provedl dobře, tak jak mi jen může říct takovou věc? Když je tak chytrý, proč si to neudělá sám?'

V Bibli čteme o tom, jak Ježíš napomíná Petra (Matouš 16:23). Když přišel čas, aby na sebe Ježíš vzal kříž, dal učedníkům vědět, co se stane. Petr nechtěl, aby jeho pán tak velmi trpěl a řekl: *„Buď toho uchráněn, Pane, to se ti nemůže stát!"* (v. 22)

V té chvíli se Ježíš nepokusil ho utěšit slovy: „Vím, jak se cítíš. Jsem za to vděčný. Ale musím jít." Namísto toho ho napomenul slovy: *„Jdi mi z cesty, satane! Jsi mi kamenem úrazu, protože tvé smýšlení není z Boha, ale z člověka!"* (v. 23)

Protože se cesta spasení mohla pro hříšníky otevřít pouze tehdy, když by na sebe Ježíš vzal utrpení kříže, zastavit to by bylo to samé jako zastavit Boží prozíravost. Petr však neměl žádné špatné emoce nebo stížnosti směřované na Ježíše, protože věřil, že cokoliv Ježíš řekl, mělo konkrétní význam. S takovým dobrým srdcem se Petr později stal apoštolem, který projevoval úžasnou Boží moc.

Na druhou stranu, co se stalo Jidášovi Iškariotskému? V Matoušovi 26 Marie z Betanie vylila nádobku drahocenného oleje na Ježíšovu hlavu. Jidáš měl za to, že je to plýtvání. Řekl: *„Mohlo se to prodat za mnoho peněz a ty dát chudým!"* (v. 9) Ve skutečnosti však chtěl ukrást peníze.

Zde Ježíš vzdal chválu tomu, co Marie vykonala v Boží prozíravosti, což spočívalo v tom, že ho připravila na jeho pohřeb. Přesto měl Jidáš špatné emoce a stížnosti směřované vůči Ježíši, protože Ježíš nepotvrdil jeho slova. Nakonec se dopustil takového hříchu, že naplánoval zradu Ježíše a jeho zaprodání.

V dnešní době funguje duše mnoha lidí takovým způsobem, že jsou mimo pravdu. Ale i když opravdu něco uvidíme, nebude naše duše fungovat určitým způsobem, pokud z toho nebudeme mít žádné pocity. Když něco uvidíme, musíme se jednoduše zastavit na úrovni vidění. Nesmíme použít své myšlenky k vynesení soudu a odsouzení, což je hřích. Abychom se drželi pravdy, je lepší to, co je nepravdivé, nevidět nebo neslyšet. Ale i když musíme přijít do kontaktu s něčím nepravdivým, přece se můžeme sami udržet v rámci dobra, pokud myslíme a vnímáme v rámci dobra.

3. Temnota

Satan má stejnou temnou moc, jakou má Lucifer a podněcuje lidi k tomu, aby měli špatné myšlenky, zlé srdce a jednali zle.

Prakticky jsou to zlí duchové, kteří zapříčiňují, aby naše duše fungovala způsobem náležejícím nepravdě. Existenci světa zlých duchů umožnil Bůh, aby naplnil prozíravost tříbení člověka. Zlí duchové mají autoritu nad zemí, zatímco probíhá tříbení lidstva. Efezským 2:2 říká: *„...v nichž jste dříve žili podle běhu tohoto světa, poslušni vládce nadzemských mocí, ducha, působícího dosud v těch, kteří vzdorují Bohu.“*

Bůh jim umožnil vládnout nad chodem temnoty do doby, než uzavře tříbení člověka.

Tito zlí duchové náležející temnotě, klamou lidi, aby se dopouštěli hříchů a postavili se proti Bohu. Podléhají také přísnému řádu. Jejich vládce, Lucifer, vládne nad temnotou, přičemž dává rozkazy podřízeným zlým duchům a vládne nad nimi. Existuje mnoho jiných bytostí, které Luciferovi pomáhají. Jsou to draci, kteří mají skutečnou moc a jejich andělé (Zjevení 12:7). Je tu také satan, ďábel a démoni.

Lucifer, vůdce světa temnoty

Lucifer byl archanděl, který chválil Boha překrásným hlasem a hudebními nástroji. Zatímco si po dlouhou dobu užíval svého vysokého postavení a autority a Bůh ho převelice miloval, nakonec v něm zvítězila domýšlivost a Boha zradil. Od té doby dále se jeho překrásný zjev proměnil v ošklivý. V Izajáši 14:12 čteme: *„Jak jsi spadl z nebe, třpytivá hvězdo, jitřenky synu! Jak jsi sražen k zemi, zotročovateli pronárodů!“*

V dnešní době, aniž bychom si to uvědomovali, se lidé svým zjevem Luciferovi podobají nezvyklým stylem vlasů a make-upu. Skrze světové trendy a styly Lucifer ovládá mysl a myšlenky lidí, jak se mu zachce. Obzvláště velký vliv vnáší Lucifer do světové hudby.

Také podněcuje lidi k hříchům a nepravostem skrze moderní vymoženosti včetně počítačů. Klame zlé vládce, aby se postavili proti Bohu. Některé země oficiálně potírají křesťanství. Všechno to se děje z podnětu a pohnutek Lucifera.

Kromě toho Lucifer svádí lidi různými formami čarodějnictví a magie a láká šamany nebo čaroděje, aby ho uctívali. Dělá všechno, co může, aby zavedl byť jedinou další duši do pekla a způsobil, aby se lidé postavili proti Bohu.

Draci a jejich andělé

Draci jednají jako vůdci zlých duchů a podléhají Luciferovi. Lidé si myslí, že drak je imaginární zvíře. Draci však ve světě zlých duchů opravdu existují. Jsou jen neviditelní, protože jsou duchovními bytostmi. Jako ve většině běžných popisů draků mají jelení rohy, démonické oči a uši, které se podobají dobytčím uším. Na kůži mají šupiny a mají čtyři nohy. Jsou něčím jako gigantickými plazy.

Draci měli v době stvoření dlouhé, překrásné a honosné peří. Obklopovali Boží trůn. Bůh je miloval jako své mazlíčky a zůstávali blízko Bohu. Měli velikou moc a autoritu a měli četné cheruby, kteří jim byli podřízeni. Když však společně s Luciferem zradili Boha, jejich andělé se rovněž zkazili a postavili proti Bohu. Tito andělé náležející k drakům mají nyní také šeredný zvířecí zjev. Mají moc nad zemí společně s draky a vedou lidi ke hříchům a špatnosti.

Samozřejmě, že Lucifer je na vrcholu světa zlých duchů, ale v praktickém slova smyslu předal autoritu drakům a jejich andělům, aby bojovali proti duchovním bytostem, které patří Bohu a aby vládli nad zemí. Už dávno draci sváděli lidi, aby vyráběli nebo vyřezávali podobu a modely draků, které budou následně uctívat. V dnešní době některá náboženství otevřeně zbožňují draky a uctívají je a tito lidé jsou ovládáni draky.

Zjevení 12:7-9 mluví o dracích a jejich andělech následovně:

A strhla se bitva na nebi: Michael a jeho andělé se utkali s drakem. Drak i jeho andělé bojovali, ale nezvítězili, a nebylo již pro ně místa v nebi. A veliký drak, ten dávný had, zvaný ďábel a satan, který sváděl celý svět, byl svržen na zem a s ním i jeho andělé.

Draci podněcují zlé lidi prostřednictvím svých andělů. Takoví zlí lidé se nebudou držet zpátky ani v dopouštění se takových ohavných zločinů jako jsou vraždy a obchodování s lidmi. Andělé draků mají podobu zvířat, která jsou zmíněna v knize Leviticus jako Bohu ohavná. Zlo se odhalí v různých formách podle druhu zvířete, protože každé zvíře má odlišnou vlastnost jako např. ukrutnost, vychytralost, obscénnost nebo promiskuitu.

Lucifer působí skrze draky a andělé draků působí podle příkazů, které jim dají draci. Ve srovnání s nějakou zemí je Lucifer něco jako král a draci se podobají ministerskému předsedovi nebo vrchnímu veliteli armády, kteří se zabývají administrativní kontrolou ministrů a vojáků. Když jsou draci v akci, nepřijímají pokaždé přímý rozkaz od Lucifera. Lucifer již zasadil své myšlenky a mysl do draků a tak, pokud draci něco udělají, je to automaticky v souladu s touhami Lucifera.

Satan má srdce a moc Lucifera

Zlí duchové ovlivňují lidi do té míry, do jaké je jejich srdce poskvrněno temnotou, ale démoni nebo ďábel neprovokují lidi od počátku. Za prvé, je to satan, který působí na lidi, ďábel je další a nakonec jsou to démoni. Jednoduše řečeno, satan je srdcem Lucifera. Nemá žádnou hmotnou podobu, avšak působí skrze lidské myšlenky. Satan má moc temnoty, kterou má Lucifer a nutí lidi zaobírat se špatnými myšlenkami a dopouštět se zlých skutků.

Protože je satan duchovní bytost (Jób 1:6-7), působí různými způsoby podle nejrůznějších temných stránek, které člověk má.

Na ty, kdo lžou, působí zrádným duchem (1 Královská 22:21-23). Na ty, kdo rádi působí rozpory tím, že poštvávají jednu stranu proti druhé, působí zase takovýmto duchem (1 Janův 4:6). Na ty, kdo mají rádi nečisté skutky těla, působí nečistým duchem (Zjevení 18:2).

Jak je zde vysvětleno, Lucifer, draci a satan hrají odlišné role a mají různou podobu, ale mají jednu mysl a myšlenky a jednu moc uskutečňovat zlo. Nyní pojďme zvážit, jak satan působí na lidi.

Satan je jako rádiové vlny, které se šíří vzduchem. Neustále šíří vzduchem svou mysl a moc. A zrovna jako naladěná anténa přijímá rádiovou vlnu, tak ti, kdo jsou na to připraveni, přijímají mysl, myšlenky a moc temnoty satana. Anténou je zde nepravda, temnota, která je v srdci člověka.

Například nenávist v srdci může působit jako anténa přijímající rádiovou vlnu nenávisti, kterou vzduchem šíří satan. Satan vkládá moc temnoty do člověka skrze lidské myšlenky, jakmile se rádiová vlna temnoty stvořená satanem a nepravda v srdci člověka dostanou na stejnou frekvenci a setkají se. Skrze toto se srdce nepravdy posílí a stane se aktivním. Tomu říkáme, že někdo ‚přijímá skutky satana' nebo naslouchá hlasu satana.

Jak tímto způsobem lidé naslouchají satanovu hlasu, dopouští se hříchů v myšlenkách a kromě toho se dopouští hříchů svými skutky. Když takové zlé vlastnosti jako nenávist nebo závist přijmou satanovy skutky, lidé zatouží ubližovat druhým. Když se to rozvine ještě více, lidé se mohou dokonce dopustit hříchu v podobě vraždy.

Satan působí skrze průchod myšlenek

Lidé mají srdce pravdy a nepravdy. Když přijmeme Ježíše Krista a staneme se Božími dětmi, přichází do našeho srdce Duch svatý a hýbe naším srdcem pravdy. To znamená, že slyšíme hlas Ducha svatého uvnitř svého srdce. Na druhou stranu, satan působí zvenku, a tudíž potřebuje průchod, aby pronikl do srdce člověka. Tímto průchodem jsou lidské myšlenky.

Lidé přijímají, co vidí, slyší a naučí se spolu s emocemi a ukládají si to do své mysli a do svého srdce. Ve vhodné situaci nebo za příhodných okolností se tyto vzpomínky vybaví. Toto je ‚myšlenka'. Myšlenky jsou různé podle toho, jaké emoce jste prožívali, když jste si něco ukládali do své paměti. I v přesně stejné situaci si někteří lidé něco uloží pouze v souladu s pravdou a mají myšlenky pravdy, zatímco jiní si to uloží v nepravdě a budou mít myšlenky nepravdy.

Většina lidí není vyučována pravdě, kterou je Boží slovo. To je důvod, proč mají ve svém srdci mnohem více nepravdy než pravdy. Satan motivuje a podněcuje takové lidi k tomu, aby měli myšlenky nepravdy. Ty jsou známy jako ‚tělesné myšlenky'. Když lidé přijímají skutky satanovy, nemohou poslouchat Boží zákon. Jsou zotročeni hříchem a nakonec dosáhnou smrti (Římanům 6:16, 8:6-7).

Jakým způsobem získává satan vládu nad lidským srdcem?

Obecně působí satan zvenku skrze průchod lidskými myšlenkami, ale existují i výjimky. Například, Bible říká, že satan vstoupil do Jidáše Iškariotského, jednoho z dvanácti učedníků Pána Ježíše. ‚Vstoupil do něho' zde znamená, že neustále přijímal skutky satanovy a nakonec dal satanovi celé své srdce. Tímto způsobem byl satanem zcela polapen.

Jidáš Iškariotský zakusil úžasnou Boží moc, a zatímco následoval Ježíše, byl vyučován dobrému. Protože však nezavrhl svou chtivost, bral z pokladnice peníze určené na Boží dílo (Jan 12:6).

Byl rovněž nenasytný v usilování o to, aby získal veliké pocty a moc, až bude Mesiáš, Ježíš, trůnit na této zemi. Avšak skutečnosti se lišily od toho, co očekával, takže jeho myšlenky jednu po druhé zajal satan. Nakonec se celého jeho srdce zmocnil satan a on prodal svého pána za třicet stříbrných mincí. Že do někoho vstoupil satan, říkáme, když má satan plnou vládu nad srdcem jednotlivce.

Ve Skutcích 5:3 Petr řekl, že srdce Ananiáše a Safiry ovládl satan a oni dali stranou část peněz, které utržili za pole a lhali Duchu svatému.

Petr to řekl, protože již dříve proběhlo mnoho podobných okamžiků. Proto výrazy ‚satan vstoupil' nebo ‚satan ovládl' znamenají, že tito lidé mají ve svém srdci samotného satana a sami se mu začínají podobat. Duchovním zrakem můžeme vidět, že satan se podobá temné mlze. Energie temnoty, která se podobá temnému kouři, je okolo těchto lidí, kteří přijímají skutky satana přítomna do veliké míry. Abychom nepřijímali skutky satana, musíme nejprve vymýtit všechny myšlenky nepravdy. Kromě toho ze sebe musíme vytlačit srdce nepravdy. To v podstatě znamená, že musíme odstranit anténu, která přijímá satanovy ‚rádiové vlny'.

Ďábel a démoni

Ďábel je část andělů, kteří se zkazili společně s Luciferem. Na rozdíl od satana mají určité formy. V temné postavě mají tvář, oči, nos, uši a ústa jako andělé. Mají také ruce a nohy. Ďábel ponouká lidi k tomu, aby se dopouštěli hříchů, a přináší na ně různé zkoušky.

To ale neznamená, že ďábel vstupuje do lidí, aby tak činili. Se satanovými pokyny ďábel ovládá lidi, kteří zaprodali svá srdce temnotě, a způsobuje, aby se dopouštěli zlých skutků, které jsou nepřijatelné. Občas však ďábel přímo ovládá určité lidi jako své nástroje. Ty, kdo zaprodali svého ducha ďáblovi, jako čarodějové nebo kouzelníci, ovládá ďábel, aby jednali jako nástroje ďábla. Ti pak nutí i druhé lidi dělat věci ďáblovy. Proto Bible říká, že ti kdo se dopouštějí hříchů, patří ďáblu (Jan 8:44; 1 Janův 3:8).

Jan 6:70 říká: *„Ježíš jim odpověděl: ‚Nevyvolil jsem si vás dvanáct? A přece jeden z vás je ďábel?'"* Ježíš mluvil o Jidáši

Iškariotském, který ho měl zaprodat. Takový člověk, který se stal otrokem hříchu a nemá nic co do činění se spasením, je synem ďábla. Jak satan vstoupil do Jidáše a ovládl jeho srdce, dopouštěl se Jidáš skutků ďábla, což bylo zaprodání Ježíše. Ďábel funguje podobně jako střední management, tedy přijímá pokyny od satana a zatímco ovládá mnoho démonů, způsobuje lidem mnoho nemocí a bolesti a vede je k tomu, aby upadali stále větší měrou do většího zla.

Satan, ďábel a démoni tvoří hierarchii. Velmi těsně spolu spolupracují. Za prvé, satan působí na nepravdivé myšlenky člověka, aby otevřel cestu pro zásah ďábla. Dále, ďábel začíná působit na lidi, aby se dopouštěli skutků těla a jiných skutků ďábla. Je to satan, který působí skrze myšlenky a je to práce ďábla přimět lidi, aby tyto myšlenky uvedli v praxi. Kromě toho, když zlé skutky u někoho přesáhnou určitou mez, démoni brzy do takovýchto lidí vejdou. Jakmile démoni do lidí vejdou, ztratí lidé svou svobodnou vůli a stanou se něčím jako loutkami démonů.

Bible naznačuje, že démoni jsou zlí duchové, ale liší se od padlých andělů či Lucifera (Žalm 106:28; Izajáš 8:19; Skutky 16:16-19; 1 Korintským 10:20). Démoni bývali lidskými bytostmi, které měly ducha, duši a tělo. Někteří lidé, kteří žijí na této zemi a zemřou nespaseni, přicházejí za určitých, zvláštních podmínek znovu na tento svět a jsou démony. Většina lidí nemá jasnou představu o světě zlých duchů. Zlí duchové se však snaží zavést až do posledního dne, který Bůh stanoví, byť ještě jednoho jediného dalšího člověka na cestu zkázy.

Z tohoto důvodu 1 Petrův 5:8 říká: „*Buďte střízliví! Buďte bdělí! Váš protivník, ďábel, obchází jako ‚lev řvoucí‘ a hledá, koho by pohltil.“* A Efezským 6:12 říká: *„Nevedeme svůj boj proti lidským nepřátelům, ale proti mocnostem, silám a všemu, co ovládá tento věk tmy, proti nadzemským duchům zla.“*

Musíme být proto po celou dobu bdělí a střízlivého ducha, protože pokud bychom žili, jako by nás vedla moc temnoty, nestane se jinak, než že upadneme na cestu smrti.

Kapitola 2

Já

Sebespravedlnost se vytváří, když jsme vyučováni nepravdě tohoto světa jako pravdě.
S tím, jak je utužována sebespravedlnost, vytváří se mentální stereotyp.
Mentální stereotyp, který se formuje,
je tudíž systematickým upevňováním sebespravedlnosti člověka.

Stalo se to v době, než jsem přijal Pána. Každý den jsem bojoval proti své nemoci a jediná zábava, kterou jsem měl, bylo čtení románů z prostředí bojového umění. Tyto příběhy jsou obvykle o pomstě.

Typická zápletka je následující: Když je hrdina ještě malé batole, nepřítel mu zabije rodiče. Jen taktak unikne masakru díky pomoci služky v domě. Když vyroste, setká se s mistrem bojového umění. Nyní se sám stává mistrem bojového umění a bere pomstu za zabití svých rodičů do svých rukou. Tyto příběhy říkají, že je správné a hrdinské odplatit zlo i za rizika ztráty svého vlastního života. V Bibli je však Ježíšovo učení velmi odlišné od tohoto světského učení.

V Matoušovi 5:43-45 Ježíš učí: *„Slyšeli jste, že bylo řečeno: ‚Milovati budeš bližního svého a nenávidět nepřítele svého.' Já však pravím: ‚Milujte své nepřátele a modlete se za ty, kdo vás pronásledují, abyste byli syny nebeského Otce; protože on dává svému slunci svítit na zlé i dobré a déšť posílá na spravedlivé i nespravedlivé.'"*

Život, který jsem žil, byl dobrý a čestný život. Většina lidí by řekla, že jsem byl ten druh člověka, který ‚nepotřeboval zákon'.

Nicméně, potom, co jsem přijal Pána a uvažoval jsem o sobě skrze Boží slovo kázané na probuzeneckém setkání, uvědomil jsem si, že na mé cestě životem se nacházelo mnoho věcí, které byly špatné. Velmi jsem se za sebe styděl, protože jsem si uvědomil, že jazyk, jakým jsem mluvil, mé chování, mé myšlenky a dokonce i mé svědomí byly špatné. Pochopil jsem, že jsem žil život, který nebyl ani přinejmenším spravedlivý a činil jsem před Bohem úplné pokání.

Od té doby jsem usiloval o to, abych si uvědomil svou sebespravedlnost a své osobní mentální stereotypy a zničil je. Zapřel jsem své ‚já', které jsem si předtím vytvořil a pokládal ho za nic. Čtením Bible jsem si vytvořil své ‚já' úplně znovu podle pravdy. Držel jsem půsty a bez ustání jsem se modlil, abych odvrhnul nepravdy ve svém srdci. V důsledku toho jsem mohl vnímat, jak byla špatnost vytržena z mého srdce a začal jsem slyšet hlas a získávat pomoc Ducha svatého.

Než se vytvoří ‚já' člověka

Jak lidé vytvářejí svá srdce a budují své hodnoty? Za prvé jsou tu faktory, které jsou dědičné. Děti se podobají svým rodičům. Dědí po svých rodičích vzhled, zvyky, osobnost a jiné genetické znaky. V Koreji říkáme, že dostáváme ‚rodičovskou krev'. Není to však opravdová krev, ale životní energie neboli ‚chi'. ‚Chi' je krystaloid veškeré energie, která vychází z celého našeho těla. Znám rodinu, kde měl syn veliké mateřské znaménko nad rty. Jeho matka mívala stejné mateřské znaménko na stejném místě, ale nechala si ho chirurgicky odstranit. Třebaže si ho nechala takto odstranit, mateřské znaménko předala svému synovi.

Spermie a vajíčka lidských bytostí obsahují životní energii. Neobsahují pouze vnější fyzický zjev, ale obsahují rovněž osobnost, temperament, inteligenci a zvyky. Pokud je v době početí otcovo chi dominantnější, dítě se bude podobat více svému otci. Jestliže je dominantnější matčino chi, potom se dítě bude více podobat své matce. To znamená, že je srdce každého dítěte jiné.

Rovněž, jak člověk roste a dospívá, učí se mnoha věcem a ty se pak stávají součástí pole jeho srdce. Počínaje věkem asi pěti let lidé začínají utvářet své ‚já' skrze věci, které vidí, slyší a učí se. A okolo dvanácti let si člověk utváří hodnoty důležité pro kritérium jeho úsudku. Okolo osmnácti se ‚já' člověka ještě více upevňuje. Problémem však je, že mnoho věcí, které jsou špatné, pokládáme za skutečně správné a pamatujeme si je jako pravdu.

Existuje mnoho nepravdivých věcí, které se na tomto světě naučíme. Samozřejmě, že ve škole se učíme mnoho věcí, které jsou užitečné a nezbytné pro naše životy, ale jsou tu i věci, které nejsou pravda podobně jako Darwinova teorie evoluce. Když rodiče učí své děti, učí je také věci nepravdy, jako by byly pravdou. Dejme tomu, že dítě šlo ven a jiné dítě nebo děti ho zbily. Frustrovaní rodiče mohou říct něco jako: „Jíš třikrát denně jako jiné děti a tak jsi dost silný. Proč se tedy necháš od ostatních dětí zbít? Pokud tě uhodí jednou, vrať jim to dvojnásob! Nemáš ruce a nohy zrovna jako všechny ostatní děti? Musíš se naučit postarat se o sebe sám."

Pokud se děti nechají takto zbít svými kamarády, zachází se s nimi ponižujícím způsobem. Jaké vědomí se tedy v těchto dětech bude vytvářet? Budou se pravděpodobně cítit jako hloupí ňoumové a vnímat, že je špatné se nechat od druhých zbít. Když je druzí jednou udeří, budou si myslet, že je správné jim to dvojnásob vrátit. Jinými slovy vstřebávají něco, co je špatné, jako by to bylo dobré.

Jak budou vyučovat pravdě své děti ti rodiče, kteří následují pravdu? Prověří situaci a budou je pomocí dobra a pravdy vyučovat tak, aby dosáhli pokoje slovy jako: „Zlatíčko, snažil ses je pochopit? Také se zamysli nad tím, jestli jsi neudělal něco špatně ty. Bůh nám říká, abychom zlo přemáhali dobrem."

Jestliže jsou děti v každé situaci vyučovány pouze Božímu slovu, jsou schopny rozvinout dobré a správné svědomí. Ve většině případů však rodiče učí své děti nepravdám a lžím. Když lžou rodiče, lžou také děti. Dejme tomu, že zazvoní telefon a zvedne ho dcera. Přikryje přijímač rukou, takže volající nemůže slyšet. Řekne: „Tati, chce s tebou mluvit strýček Tom." Na to otec dceři odpoví: „Řekni mu, že nejsem doma."

Než předá dcera telefon otci, nejprve se ho zeptá, protože k takovým případům už v minulosti mnohokrát došlo. Lidé jsou během svého růstu učeni mnoha nepravdivým věcem a vrcholem toho je, že tyto nepravdivé věci v sobě rozvíjejí vynášením soudů a odsuzováním za pomoci svých vlastních pocitů. Tímto způsobem se utváří nepravdivé svědomí.

Navíc, většina lidí je sebestředná. Následují jen svůj vlastní prospěch a myslí si, že mají pravdu. Jestliže záměr nebo představy druhých lidí nejsou v souladu s jejich vlastními představami, myslí si, že druzí lidé se mýlí. Druzí lidé však uvažují stejným způsobem. Je obtížné dojít k souhlasu, pokud každý přemýšlí tímto způsobem. To samé probíhá mezi lidmi, kteří jsou si navzájem blízcí jako mezi manželem a manželkou nebo rodiči a dětmi. Většina lidí utváří své ‚já' tímto způsobem, a proto by člověk neměl trvat na tom, že pouze jeho ‚já' je to správné.

Sebespravedlnost a stereotypy

Mnoho lidí si vytváří své kritérium úsudku a systém hodnot prostřednictvím fungování duše způsobem náležejícím nepravdě. Následkem toho žijí v rámci své sebespravedlnosti a svých stereotypů. Kromě toho se tato sebespravedlnost vytváří s nepravdami, které přijímají od světa a které pokládají za pravdu. Ti, kdo v sobě mají takovou sebespravedlnost, nejenom pokládají sebe za ty, kdo mají pravdu kvůli svým kritériím, ale ve své sebespravedlnosti se rovněž snaží nutit své názory a to, čemu věří, druhým.

Když se tato sebespravedlnost upevní, stane se stereotypem. Jinými slovy, tento stereotyp je systematicky utvářenou strukturou sebespravedlnosti člověka. Tyto stereotypy se vytvářejí na základě osobnosti, vkusu, zvyklostí, teorií a myšlení každého jednotlivce. Pokud v situaci, kdy jsou obě možnosti v pořádku, trváte pouze na jedné z možností a tento pohled je pevný, stává se vaším stereotypem. Potom se rozvine tendence být zdvořilejší a smířlivější vůči těm, kdo mají podobné priority, osobnost a preference, ale je zde také tendence být méně tolerantní k těm, kteří s vámi nesouhlasí. To je kvůli osobnímu stereotypu.

Tento druh stereotypu se může projevovat v nejrůznějších formách našeho každodenního života. Čerstvě oddaný pár se může hádat kvůli triviálním věcem. Manžel si může myslet, že je správné vymačkávat pastu na zuby ze shora dolů, zatímco manželka ji vymačkává z jakéhokoliv místa tuby. Pokud jeden z nich trvá na svém způsobu, jak vymačkávat pastu, jsou náchylní k tomu, aby došlo ke konfliktu. Konflikty vyvstávají ze stereotypů jejich zvyků, které se navzájem liší.

Dejme tomu, že ve společnosti pracuje zaměstnanec, který dělá všechnu svou práci sám, aniž by od kohokoliv přijal jakoukoliv pomoc. Někteří z těchto lidí mají ve zvyku dělat všechno sami, protože vyrůstali v obtížném prostředí a museli fungovat sami. Není to proto, že by byli domýšliví. Pokud tedy soudíte takového člověka jako domýšlivého nebo sebestředného, jde také o nesprávný soud.

Ve většině případů jsou z pohledu pravdy jak lidská sebespravedlnost, tak osobní stereotypy chybné. Chyba vyvstává v srdci nepravdy, které neslouží druhým a které usiluje o osobní výhody. I věřící mají sebespravedlnost a stereotypy, jejichž existenci si neuvědomují.

Myslí si, že poslouchají Boží slovo, zavrhli do určité míry hříchy a znají pravdu. S tímto poznáním projevují svou sebespravedlnost. Vynášejí soud nad tím, jak vedou svůj život ve víře druzí. Také se srovnávají s druhými a myslí si, že jsou lepší než oni. V jednu chvíli viděli na druhých pouze dobré věci, ale později změní názor a nyní vidí namísto toho jejich nedostatky. Trvají pouze na svých vlastních názorech, ale říkají, že to dělají ‚pro Boží království'.

Někteří lidé mluví, jako by věděli všechno a byli spravedliví. Vždy mluví o nedostatcích druhých lidí a vynášejí nad nimi soudy. To znamená, že nedokážou vidět své vlastní nedostatky, ale jen nedostatky druhých.

Dříve než nás zcela promění pravda, my všichni v sobě máme sebespravedlnost a rozvíjíme své stereotypy. Do té míry, do jaké máme ve svém srdci zlo, bude naše duše fungovat způsobem náležejícím nepravdě, než aby fungovala způsobem náležejícím pravdě. V důsledku toho vyneseme soud a odsoudíme druhé v rámci své vlastní sebespravedlnosti a stereotypů. Abychom duchovně rostli, musíme pokládat všechny své myšlenky a teorie, jako by byly ničím. Musíme zničit svou sebespravedlnost a stereotypy a mít takový způsob fungování duše, který náleží pravdě.

Mít způsob fungování duše náležející pravdě

Až když dojde ke změně způsobu fungování naší duše náležející nepravdě ve způsob fungování náležející pravdě, můžeme dosáhnout duchovního růstu a proměnit se ve skutečné Boží děti. Co tedy musíme udělat, aby naše duše fungovala způsobem náležejícím pravdě?

Za prvé, musíme být vnímaví a rozlišovat všechno podle kritérií pravdy.

Lidé mají různá svědomí a kritéria světa se rovněž liší podle doby, místa a kultury. Třebaže jste jednali správně, mohou to jiní lidé, kteří mají odlišné hodnoty, pokládat za nesprávné.

Lidé si vytvářejí své hodnoty a přijatelné zvyky v různých prostředích a kulturách, a proto nesmíme soudit druhé podle našich vlastních kritérií. Jediné rozhodující kritérium, kterým můžeme rozeznávat správné od špatného a pravdu od nepravdy, je Boží slovo, které je pravdou samotnou.

Mezi věcmi, které lidé ze světa pokládají za správné a vhodné, existují věci, které korespondují s Biblí, ale existuje také mnoho dalších věcí, které s Biblí nekorespondují. Dejme tomu, že se jeden z vašich přátel dopustil zločinu, ale křivě byl obviněn jiný člověk. V tomto případě si většina lidí pomyslí, že je přijatelné neodhalit vinu svého přítele. Pokud však zůstanete potichu, i když víte o nevině toho, který byl křivě obviněn, vaše jednání nemůže být nikdy v Božích očích shledáno spravedlivým.

Dříve, než jsem uvěřil v Boha, tak když jsem musel navštívit něčí dům v době jídla a oni se mě zeptali, zda jsem už jedl, říkával jsem: „Ano, už jsem jedl." Nikdy jsem si nepomyslel, že je na tom něco špatného, protože jsem to řekl proto, aby se druhý člověk cítil příjemně. V duchovním slova smyslu to však může být v Božích očích kaz, protože to není pravda, ačkoliv to není hřích. Potom, co jsem si to uvědomil, jsem začal používat jiná slova jako: „Nejedl jsem, ale nemám chuť teď jíst."

Abychom všechno správně rozeznali, měli bychom naslouchat a učit se Slovu pravdy a uchovávat ho ve svém srdci. Měli bychom číst Bibli a zbavit se chybných kritérií, které jsme si vytvořili spolu s nepravdou na tomto světě. Bez ohledu na to, jak moudrá se jeví věc na tomto světě, pokud je proti Božímu slovu, měli bychom ji odhodit.

Za druhé, aby naše duše fungovala způsobem náležejícím pravdě, musí být naše pocity a emoce v souladu s pravdou.

Přitom jak do sebe nasáváme různé věci, ty pak sehrávají důležitou roli, když se pokoušíme cítit v souladu s pravdou. Viděl jsem matku, jak kárala své dítě slovy: „Pokud to uděláš, pastor ti vyhubuje!" Nechala své dítě, aby si myslelo, že pastor je někdo, koho se má bát. Takové dítě se přitom, jak bude vyrůstat, bude pastora skutečně bát a bude se mu snažit vyhýbat spíše, než aby pobývalo v jeho blízkosti.

Kdysi dávno jsem viděl ve filmu takovou scénu. Dívka se ve filmu velmi přátelila se slonem a slon si zvykl omotávat svůj chobot okolo krku dívky. Jednoho dne, zatímco dívka spala, připlazil se jedovatý had a ovinul se jí okolo krku. Kdyby věděla, že je to jedovatý had, velmi by se vyděsila a obávala o svůj život. Měla však zavřené oči a myslela si, že je to sloní chobot. A tak nebyla vůbec překvapená. Spíše si myslela, že je to přátelské gesto. Pocity se liší podle myšlenek.

Pocity se liší podle toho, jak myslíme. Lidé, kteří cítí znechucení, když vidí larvy, červy nebo stonožky, si vychutnávají lahodnou chuť kuřete, ačkoliv kuřata jedí takové věci. Nyní můžeme vidět, jak naše vnímání něčeho závisí na našich myšlenkách. Bez ohledu na to, na jakého člověka se díváme a jakou práci zrovna děláme, měli bychom o tom přemýšlet a vnímat to dobře.

Nad to všechno, abychom mysleli a vnímali všechno dobře, musíme se vždy dívat, poslouchat a nasávat do sebe jen dobré věci. Je to pravda obzvláště v těchto dnech, kdy můžeme všechno vidět prostřednictvím hromadných sdělovacích prostředků nebo Internetu. V dnešní době více než kdy jindy v historii okolo nás vítězí zlo, krutost, násilí, podvádění, sebestřednost, vychytralost a zrada. Abychom se udrželi v pravdě, je lepší se nedívat, neposlouchat ani nenasávat tyto věci co možná do největší míry. Nicméně, i když musíme čelit těmto věcem, v té chvíli můžeme nasávat věci v pravdě a v dobru. „Jak?“, ptáte se!

Například ti, kdo slyšeli jako malí strašidelné historky o démonech nebo upírech, z nich mají hrůzu obzvláště, pokud zůstávají sami ve tmě potom, co sledovali horor. Jestliže uslyší nějaký podivný zvuk nebo uvidí strašidelný stín, rozklepou se nebo se vyděsí. Pokud jsou sami, může se stát něco nevýznamného, co jim může způsobit šok, že jsou strachem bez sebe.

Žijeme-li však ve světle, Bůh nás chrání a zlí duchové se nás nemohou dotknout. Namísto toho se strachují a chvějí před duchovním světlem, které z nás vychází. Chápeme-li tuto skutečnost, můžeme změnit své pocity. Ve svém srdci rozumíme tomu, že zlí duchové nejsou bytosti, ze kterých bychom měli mít strach, a tak se mohou změnit i naše pocity. Protože můžeme přemoci svět temnoty, tak třebaže se objeví démoni, můžeme je ve jménu Ježíše Krista vyhnat pryč.

Pojďme vzít v úvahu ještě jeden případ, kdy mají lidé nesprávné pocity. Stalo se to na zájezdu se členy církve asi před 20 lety. Na stadiónu v Řecku byla socha nahého muže. Na ní byl vytesaný nápis, který vybízel ke cvičení a sportu, které vedou ke zdravému lidu, který je základem zdravého národa. Tam jsem mohl vidět rozdíl mezi turisty z ostatních evropských zemí a našimi členy církve.

Některé ženy z naší církve se bez problémů nechaly před sochou vyfotit, některé se ale červenaly. Vyhýbaly se místu, jako kdyby měly vidět něco, co by neměly. Důvod, proč se u sochy červenaly, je ten, že měly cizoložnou mysl. Měly nepatřičné pocity ohledně nahoty a měly je, když uviděly sochu nahého muže. Takoví lidé dokážou dokonce i vynést soud nad těmi, kteří takovou sochu blíže studují. Nezdálo se však, že by evropští turisté cítili jakékoliv rozpaky nebo podobný druh pocitů. Dívali se na sochu s uznáním a smyslem pro skvělý umělecký kousek.

V takovém případě by nikdo neměl soudit tyto evropské turisty a říkat o nich, že jsou nestydatí. Pokud rozumíme různým kulturám a měníme pocity nepravdy v pocity pravdy, nemusíme se cítit rozpačitě ani zahanbeně. Adam kdysi žil ve své nahotě, když neměl žádné poznání těla, protože neměl cizoložnou mysl a takový způsob života byl mnohem krásnější.

Za třetí, aby naše duše fungovala způsobem náležejícím pravdě, neměli bychom věci přijímat výhradně ze své vlastní perspektivy, ale také z perspektivy druhých lidí.

Pokud přijímáte věci a situace pouze z vlastního hlediska, zkušeností a způsobu myšlení, vyvstane mnoho nepravdivých způsobů fungování duše. Pravděpodobně něco přidáte ke slovům druhých nebo z nich něco uberete podle svých vlastních myšlenek. Můžete nesprávně chápat, soudit, odsuzovat a nechat v sobě vzrůst špatné pocity.

Dejme tomu, že si člověk, který je zraněný při nehodě, velmi stěžuje na bolest. Ti, kdo takovou bolest nezažili nebo ti, kdo bolest velmi dobře snášejí, si mohou pomyslet, že tento člověk dělá veliký povyk okolo tak nevýznamné věci. Pokud přijmete slova jiných lidí na základě svého vlastního stanoviska a zkušeností, bude vaše duše fungovat nepravdivým způsobem.

Jestliže se však pokusíte porozumět člověku z jeho hlediska, můžete pochopit jeho a také rozsah bolesti, kterou pociťuje.

Pokud porozumíte situaci jiného člověka a přijmete ho, budete se všemi udržovat pokoj. Nebudete muset nenávidět ani vnímat cokoliv, co je nepříjemné. Ačkoliv kvůli druhému člověku utrpíte zranění nebo neštěstí, pokud myslíte především na něho, nebudete ho nenávidět, ale budete ho přesto milovat a mít s ním soucit. Pokud víte o lásce Ježíše, který byl ukřižovaný za nás za všechny a o Boží milosti, dokážete milovat i své nepřátele. To byl také Štěpánův případ. I když byl kamenován k smrti bez toho, že by se sám dopustil nějaké chyby, necítil nenávist k těm, kteří ho kamenovali, ale modlil se za ně.

Občas však pro nás nemusí být snadné, aby naše duše fungovala způsobem náležejícím pravdě, jak bychom si přáli. Proto musíme být vždy bdělí na svá slova a skutky a pokusit se změnit způsob fungování naší duše náležející nepravdě na takový způsob fungování, který náleží pravdě. Když se modlíme a neustále se o to snažíme, můžeme díky Boží milosti a síle a s pomocí Ducha svatého dosáhnout takového způsobu fungování naší duše náležejícího pravdě.

Denně umírám

Apoštol Pavel kdysi pronásledoval křesťany, protože v sobě měl tvrdou sebespravedlnost a mentální stereotypy. Ale potom, co se setkal s Pánem, si uvědomil, že jeho sebespravedlnost a mentální stereotypy nejsou správné a pokořil se do té míry, že pokládal všechno, co kdysi bylo jeho součástí, za brak. Zprvu zápasil ve svém srdci s tím, že si uvědomil, že je v něm přítomné zlo, které bojuje s tou částí jeho bytosti, která chce konat dobro (Římanům 7:24).

Učinil však vyznání díků a věřil, že zákon života a Duch svatý v Kristu Ježíši ho osvobodí od zákona hříchu a smrti. V Římanům 7:25 řekl: *„Jedině Bohu buď dík skrze Ježíše Krista, Pána našeho! – A tak tentýž já sloužím svou myslí zákonu Božímu, ale svým jednáním zákonu hříchu“* a v 1 Korintským 15:31: *„Den ze dne hledím smrti do tváře – ujišťuji vás o tom, bratří, při všem, co pro mne znamenáte, v Kristu Ježíši, našem Pánu!“*

Řekl: „Den ze dne hledím smrti do tváře“ a to znamená, že každý den obřezával své srdce. Tudíž zavrhoval nepravdy v sobě jako pýchu, prosazování sebe sama, nenávist, souzení, hněv, domýšlivost a chamtivost. Jak vyznal, zavrhoval je tím, že proti nim bojoval až do krve. Bůh mu dal milost a sílu a s pomocí Ducha svatého se změnil v člověka ducha, jehož duše fungovala pouze v pravdě. Nakonec se stal mocným apoštolem, který šířil evangelium, zatímco konal mnoho znamení a zázraků.

Kapitola 3

Věci těla

Někteří lidé se ve své mysli dopouštějí hříchů závisti,
žárlivosti, souzení, odsuzování a cizoložství.
Neprojeví se navenek, ale dojde k nim, protože v sobě mají hříšné atributy.

- Tělo a činy těla
- Význam spojení ‚tělo je slabé'
- Věci těla: Hříchy spáchané v mysli
- Žádost těla
- Žádost očí
- Prázdná chlouba života

U těch, jejichž duch je mrtvý, se jejich duše stává pánem a vládne nad jejich tělem. Dejme tomu, že máte žízeň a chcete se něčeho napít. Potom vaše duše nařídí rukám, aby vzaly sklenici s vodou a pozvedly ji k vašim ústům. V té chvíli však, pokud na vás někdo vychrlí urážku a vy se rozzlobíte, může se vám zachtít sklenici rozbít. Jaký způsob fungování duše to je?

Toto se stává, když satan podněcuje duši, která náleží tělu. Lidé přijímají skutky nepřítele ďábla a satana do té míry, do jaké v sobě mají nepravdu. Pokud přijmou skutky satana, začnou mít myšlenky nepravdy a pokud přijmou skutky ďábla, projeví se skutky nepravdy.

Myšlenka rozbít ze vzteku sklenici je podnícena satanem, a pokud zajdete ještě dál a skutečně se sklenicí mrštíte, je to už skutek ďábla. Myšlenka se nazývá ‚věc těla' a jednání se nazývá ‚skutek těla'. Důvodem, proč naše duše funguje způsobem náležející nepravdě a my takové jednání i projevujeme, je kvůli hříšné přirozenosti, kterou v nás zasadil nepřítel ďábel a satan už od Adamova pádu a která je spojena s lidským tělem.

Tělo a činy těla

Římanům 8:13 (Nová smlouva – KMS) říká: *„Jestliže žijete podle těla, je vám souzeno zemřít; jestliže však Duchem usmrcujete činy těla, budete žít."*

‚Je vám souzeno zemřít' znamená, že budete čelit věčné smrti, což je peklo. Proto ‚tělo' nemá význam, který se vztahuje na naše fyzická těla samotná. Má rovněž duchovní význam.

Dále se zde říká, že pokud Duchem usmrcujeme činy těla, budeme žít. Znamená to snad, že se musíme zbavit takových činů těla jako sednout si, lehnout si, jíst atd.? Samozřejmě, že ne! ‚Tělo' se zde vztahuje na nádobu nebo schránku, ze které uniklo poznání ducha, které dal člověku Bůh. Abychom pochopili duchovní význam tohoto, musíme se více dozvědět o tom, jaká bytost byl Adam.

Když byl Adam duchovně živým tvorem, jeho tělo bylo cenné a nepomíjející. Nestárnul a nemohl zemřít ani zahynout. Měl zářivé, krásné, duchovní tělo. Jeho chování bylo rovněž mnohem důstojnější než chování jakéhokoliv šlechtice na této zemi. Ale od chvíle, kdy do něho vstoupil hřích, se jeho tělo stalo v důsledku jeho hříchu bezcenným tělem, které se v ničem nelišilo od zvířat.

Dovolte mi uvést alegorii. Budeme-li mít šálek naplněný nějakou tekutinou, šálek můžeme přirovnat k našemu tělu a tekutinu k našemu duchu. Stejný šálek může mít různou hodnotu podle toho, jakou tekutinu obsahuje. Stejné to bylo s Adamovým tělem.

Jako duchovně živý tvor měl Adam pouze poznání pravdy v podobě lásky, dobra, pravdivosti a spravedlnosti a také Boží světlo, které mu dal Bůh. Jak ale jeho duch zemřel, poznání pravdy z něho uniklo a namísto pravdy ho nepřítel ďábel a satan zásoboval tělesnými věcmi. Následováním nepravdy, která se stala jeho součástí, se Adam změnil. Je řečeno: „Duchem usmrcujete činy těla." ‚Činy těla' se zde vztahují na jednání pocházející z těla, které je spojené s nepravdou.

Například existují lidé, kteří když se nahněvají, zatínají pěsti, bouchají dveřmi nebo projevují vůči druhým osobitý způsob hrubého chování. Někteří lidé používají sprostá slova v každé větě, kterou vysloví. Jiní lidé se dívají na osoby opačného pohlaví s chtíčem a další zase projevují oplzlé chování.

Činy těla se nevztahují pouze na evidentní dopouštění se hříchů, ale také na všechno ostatní jednání, které není v Božích očích dokonalé. Když někteří lidé mluví s druhými, mimovolně ukazují svými prsty na lidi nebo věci. Jiní lidé zvyšují hlas, když mluví s druhými, a to do té míry, že to zní, jako by se hádali. Tyto věci se nám mohou zdát naprosto triviální, ale jsou to činy, které vycházejí z těla, které je spojeno s nepravdou.

V Bibli se slovo ‚tělo' používá často. V tomto verši, Janovi 1:14, se slovo ‚tělo' používá s doslovným významem: *„A Slovo se stalo tělem a přebývalo mezi námi. Spatřili jsme jeho slávu, slávu, jakou má od Otce jednorozený Syn, plný milosti* *a pravdy.*" Častěji se však používá ve spojení s duchovním významem.

Římanům 8:5 (Nová smlouva – KMS) říká: „*Ti, kdo jsou živi podle těla, mají na mysli věci těla; ale ti, kdo jsou živi podle Ducha, myslí na věci Ducha.*" A Římanům 8:8 (Nová smlouva – KMS) říká: „*Ti, kteří jsou v těle, se Bohu líbit nemohou.*"

Zde se ‚tělo' používá v duchovním slova smyslu a odkazuje na hříšné vlastnosti spojené s tělem. Je to kombinace hříšných vlastností a těla, ze kterého uniklo poznání pravdy. Nepřítel ďábel a satan zasadil do člověka různé hříšné vlastnosti a ty se začlenily do těla. Neprojeví se v podobě jednání ihned, ale jsou nyní v člověku přítomny, takže mohou kdykoliv vyjít ven v podobě jednání.

Když zmíníme každý z těchto tělesných atributů, říkáme, že je to ‚věc těla'. Nenávist, závist, žárlivost, lež, vychytralost, domýšlivost, hněv, souzení, odsuzování, cizoložství a chamtivost se dohromady vztahují na ‚věc těla'.

Význam spojení ‚tělo je slabé'

Když se Ježíš modlil v Getsemane, učedníci usnuli. Ježíš řekl Petrovi: „*Bděte a modlete se, abyste neupadli do pokušení. Váš duch je odhodlán, ale tělo slabé*" (Matouš 26:41). To nicméně neznamenalo, že tělo učedníků bylo slabé. Petr měl statnou postavu, protože býval rybářem. Co tedy znamená výraz ‚tělo je slabé‘?

Znamená to, že protože Petr ještě neobdržel Ducha svatého, byl člověkem těla, který zatím zcela nezavrhnul hříchy a tak netříbil tělo náležející duchu. Když člověk opustí hříchy a vejde v ducha, tudíž když se stane člověkem ducha a člověkem pravdy, jeho duši a tělu bude vládnout jeho duch. Proto, třebaže je tělo velmi unavené, tak pokud chcete ze srdce opravdu zůstat vzhůru, dokážete se usnutí vyhnout.

V té době ale Petr ještě nevešel v ducha a tak nedokázal ovládat tělesné atributy jako únavu a lenost. A tak ačkoliv chtěl zůstat vzhůru, nedokázal to. Zůstal v rámci svých fyzických omezení. Setrvat v rámci takových fyzických omezení znamená, že tělo je slabé.

Po vzkříšení a nanebevstoupení Ježíše Krista ale Petr obdržel Ducha svatého. Nyní měl nejenom své tělesné atributy, ale také uzdravil mnoho nemocných lidí a dokonce oživil mrtvého. Šířil evangelium s tak silnou vírou a odvahou, že si zvolil být ukřižován vzhůru nohama.

Co se týče Ježíše, ten šířil evangelium o Božím království a uzdravoval lidi ve dne v noci, ačkoliv se nemohl pořádně najíst a vyspat. Protože však jeho duch ovládal jeho tělo, tak se i v situaci, kdy byl velmi unavený, dokázal modlit, až mu pot stékal v krůpějích krve na zem. Ježíš neměl ani původní hřích, ani se sám nedopustil hříchu. Proto dokázal ovládat své tělo svým duchem.

Někteří věřící se dopouštějí hříchů a vymlouvají se slovy: „Mé tělo je slabé.“ Říkají to však, protože neznají duchovní význam tohoto výrazu. Musíme chápat, že Ježíšovo prolití krve na kříži nás vykoupilo nejenom z našich hříchů, ale také z naší slabosti. Můžeme být zdraví na duchu a na těle a dělat věci, které přesahují lidská omezení, pokud jen máme víru a posloucháme Boží slovo. Kromě toho, máme pomoc Ducha svatého, a tak bychom neměli říkat, že se nemůžeme modlit nebo že jsme neměli jinou možnost, než se dopustit hříchů, protože naše tělo je slabé.

Věci těla: Hříchy spáchané v mysli

Pokud mají lidé tělo, tudíž pokud mají hříšné vlastnosti, které jsou začleněné v jejich těle, dopouštějí se hříchů nejenom v mysli, ale také ve skutcích. Mají-li v sobě atributy lži, budou v situaci, která je pro ně nepříznivá, podvádět druhé. Jestliže se dopustí hříchu v srdci a ne svým jednáním, jde o ‚věc těla'.

Dejme tomu, že uvidíte nádherný drahokam, který patří vašemu bližnímu. Pokud přemýšlíte nad tím, že byste ho vzali nebo ukradli, již jste se dopustili hříchů ve svém srdci. Většina lidí to za hřích nepovažuje. Bůh však zkoumá srdce člověka a i nepřítel ďábel a satan zná toto srdce člověka, a tak může vznést proti takovému hříchu, který je věcí těla, obvinění.

V Matoušovi 5:28 Ježíš řekl: „*Já však vám pravím, že každý, kdo hledí na ženu chtivě, již s ní zcizoložil ve svém srdci.*" V 1 Janově 3:15 se říká: „*Kdokoliv nenávidí svého bratra, je vrah – a víte, že žádný vrah nemá podíl na věčném životě.*" Pokud se dopouštíte hříchů v srdci, znamená to, že jste položili základ k tomu se skutečně skutku hříchu dopustit.

Klidně můžete mít úsměv na tváři a předstírat, že nějakého člověka milujete, i když ho nenávidíte a chcete ho udeřit. Jestliže však k něčemu dojde a vy už nedokážete situaci déle snášet, váš hněv propukne a vy se s tímto člověkem můžete pohádat nebo se s ním dokonce porvat. Pokud však vyženete hříšnou vlastnost v podobě nenávisti samotné, nebudete už toho člověka nenávidět, i když vám dá pocítit těžké chvíle.

Jak je napsáno v Římanům 8:13 (Nová smlouva – KMS): *„Jestliže žijete podle těla, je vám souzeno zemřít,"* tak pokud nezavrhnete věci těla, nakonec se dopustíte skutků těla. Avšak Písmo rovněž říká: *„...jestliže však Duchem usmrcujete činy těla, budete žít."* A tak je možné dosáhnout božských a svatých skutků, přitom jak zavrhujete jednu po druhé věci těla. Jak se tedy můžeme rychle zbavit věcí a skutků těla?

Římanům 13:13-14 říká: *„Žijme řádně jako za denního světla: ne v hýření a opilství, v nemravnosti a bezuzdnostech, ne ve sváru a závisti, nýbrž oblečte se v Pána Ježíše Krista a nevyhovujte svým sklonům, abyste nepropadali vášním"* a 1 Janův 2:15-16 (Nová Smlouva – KMS) říká: *„Nemilujte svět ani to, co je ve světě. Jestliže někdo miluje svět, není v něm láska Otcova. Neboť všechno, co je ve světě – žádost těla, žádost očí a prázdná chlouba života – není z Otce, ale ze světa."*

Z těchto veršů si můžeme uvědomit, že všechny věci na světě

jsou způsobeny žádostí těla, žádostí očí a prázdnou chloubou života. Žádost je energetický zdroj, který pohání člověka k tomu, aby hledal a přijímal kazící se tělo. Je to mohutná síla, která nutí lidi cítit se dobře ve světě a milovat ho.

Vraťme se nyní zpět ke scéně v Genesis 3:6, kde Evu svádí had: *„Žena viděla, že je to strom s plody dobrými k jídlu, lákavý pro oči, strom slibující vševědoucnost. Vzala tedy z jeho plodů a jedla, dala také svému muži, který byl s ní, a on též jedl.“*

Had řekl Evě, že by mohla být jako Bůh. Ve chvíli, kdy přijala tato slova, vstoupila do ní hříšná přirozenost a usídlila se v ní jako tělo. Nyní do ní vešla žádost těla a ovoce vypadalo jako dobré k jídlu. Vešla do ní žádost očí a ovoce bylo lákavé pro oči. Vešla prázdná chlouba života a ovoce slibovalo vševědoucnost. Zatímco Eva přijala takovou žádost, zachtělo se jí ovoce a také jedla. V minulosti neměla v nejmenším úmyslu neposlechnout Boží slovo, ale jak byla podnícena její žádost, ovoce najednou vypadalo lákavě a překrásně. Protože zatoužila po tom, aby se podobala Bohu, nakonec Boha neuposlechla.

Žádost těla, žádost očí a prázdná chlouba života nám dávají pocítit, že hříchy a zlo jsou dobré a příjemné. Potom to dává povstat věcem těla a nakonec skutkům těla. Proto, abychom vymítili tělesné věci, musíme nejprve vymítit tyto tři druhy žádosti. Potom můžeme začít z našich srdcí zavrhovat tělo samotné.

Kdyby Eva bývala věděla, jak velikou bolest způsobí tím, že pojí ovoce, nebyla by si myslela, že je dobré k jídlu a lákavé pro oči. Ale raději by se toho bývala zhrozila, než aby se ovoce byť jen dotkla nebo se na ně podívala či ho dokonce snědla. Podobně, pokud si uvědomíme, jak velikou bolest nám přinese milovat svět a že nám to způsobí pád v podobě potrestání v pekle, určitě svět milovat nebudeme. Jakmile si uvědomíme, jak bezcenné jsou všechny světské věci pošpiněné hříchem, můžeme snadno zavrhnout své touhy těla. Dovolte mi to upřesnit.

Žádost těla

Žádost těla je přirozenost následovat tělo a dopouštět se hříchů. Když máme vlastnosti jako nenávist, hněv, sobeckou touhu, sexuální touhu, závist a pýchu, potom v nás může být rozdmýchána žádost těla. Když narazíme na situaci, ve které se rozdmýchají hříšné vlastnosti, potom se v nás probudí zájem a zvědavost. To nás povede k tomu, abychom vnímali, že hříchy jsou dobré a příjemné. V tomto bodě se odhalí věci těla a ty se rozvinou ve skutky těla.

Například, dejme tomu, že se nový věřící rozhodne skoncovat s pitím, ale stále má v sobě touhu popíjet alkohol, což je věc těla. A tak pokud jde do baru nebo na místo, kde lidé popíjejí alkohol, je v něm podnícena žádost těla dát si alkohol. To potom spouští touhu člověka a vede ho to k tomu, aby se skutečně alkoholu napil a posléze se opil.

Dovolte mi uvést jiný příklad. Pokud v sobě máme vlastnosti souzení a odsuzování druhých, budeme mít tendence k tomu, abychom se o druhých lidech doslechli různé pomluvy. Můžeme vnímat, že je legrace poslouchat a šířit pomluvy o druhých lidech a mluvit o nich. Máme-li v sobě hněv a je tu něco, co s námi není ve shodě, budeme se cítit občerstveni a bude nám dělat dobře se na někoho nebo na něco kvůli tomu rozzlobit. Jestliže se pokusíme ovládnout, abychom nenásledovali vlastnosti těla a rozzlobili se, bude to pro nás bolestivé a nesnesitelné. Máme-li v sobě povýšenost, potom můžeme mít ve své pýše skrytou vlastnost vychloubat se. Ve své pýše také můžeme následováním těchto vlastností v sobě chtít, aby nám druzí sloužili. Pokud v sobě máme touhu po majetku, pokoušíme se zbohatnout i na útraty, škodu a utrpení, které tím způsobíme druhým lidem. Tato žádost těla bude vzrůstat při tom, jak se budeme dopouštět stále většího počtu hříchů.

Třebaže je člověk novým věřícím a má slabou víru, tak pokud se horlivě modlí, přijímá milost ze společenství s ostatními členy a je plný Ducha svatého, jeho žádost těla nebude tak snadno stimulována. Třebaže žádost těla povstane v jednom koutku mysli, dokáže ji neprodleně zahnat pravdou. Avšak pokud se přestane modlit a ztratí plnost Ducha svatého, poskytne prostor nepříteli ďáblu a satanovi, aby znovu stimuloval žádost těla.

Co je tedy důležité pro vymýcení žádosti těla? Je to udržovat plnost Ducha svatého, takže vaše touha hledat ducha zůstane silnější než vaše touha hledat tělo. Vždy bychom měli zůstat duchovně bdělí, jak je řečeno v 1 Petrově 5:8: *„Buďte střízliví! Buďte bdělí! Váš protivník, ďábel, obchází jako ‚lev řvoucí' a* *hledá, koho by pohltil.*“

Abychom to dokázali, nesmíme ustat v horlivých modlitbách. Třebaže jsme velmi zaneprázdnění naplňováním Božího díla, pokud se přestaneme modlit, ztratíme plnost Ducha svatého. Potom bude otevřena cesta k podnícení žádosti těla. Tímto způsobem se můžeme dopouštět hříchů v mysli a dále svým jednáním. To je důvod, proč i Ježíš, Boží Syn, dával během svého života na zemi dobrý příklad v podobě neutuchajících modliteb. Nikdy se nepřestal modlit, aby mohl komunikovat s Otcem a uskutečňovat jeho vůli.

Samozřejmě, že pokud zavrhnete hřích a dosáhnete posvěcení, nevynoří se žádná žádost těla, a tudíž se nepoddáte tělu a nedopustíte se hříchů. A tak se ti, kdo jsou posvěceni, nebudou modlit za to, aby vymýtili žádost těla, ale aby obdrželi větší plnost Ducha a dosáhli ve větší míře Božího království.

Co kdybychom měli na svém oblečení lidské výkaly? Nejenom, že bychom je setřeli, ale důkladně bychom oblečení vyprali mýdlem, aby zmizel také zápach. Pokud se na našem oblečení vyskytne červ nebo larva, lekneme se a ihned ho setřeseme. Hříchy našeho srdce jsou však mnohem špinavější a zvrácenější než lidské výkaly nebo červi. Jak je zaznamenáno v Matoušovi 15:18: „*Však to, co z úst vychází, jde ze srdce, a to člověka znesvěcuje,*“ poškozují člověka až na kost a do morku kostí a způsobují velikou bolest.

Co když manželka přijde na to, že má její muž milostný

poměr? Jak bolestné to pro ni bude! Stejně to působí i opačným směrem. Způsobí to hádky a zničí to klid v rodině nebo to bude příčinou rozbití rodiny. Proto bychom měli rychle zavrhnout žádost těla, protože rodí hřích a nepříznivé následky.

Žádost očí

‚Žádost očí' stimuluje srdce slyšením a viděním a nutí člověka vyhledávat tělesné věci. Ačkoliv se to nazývá ‚žádost očí', žádost očí vchází do srdce člověka skrze procesy vidění, slyšení a vnímání s tím, jak vzrůstají. Tudíž to, co lidé vidí a slyší, pohne jejich srdcem a vzbudí v nich pocity. Skrze toto se u nich podnítí ‚žádost očí'.

Když něco uvidíte, tak pokud to přijmete společně s pocity, vzbudí ve vás podobné pocity, když znovu uvidíte něco podobného. Dokonce, aniž byste to skutečně viděli, pokud jen uslyšíte o této konkrétní věci, připomenou se vám zkušenosti z minula, takže dojde ke stimulaci žádosti vašich očí. Pokud setrváváte v přijímání žádosti očí, bude to motivovat vaši žádost těla a nakonec to skončí tím, že se dopustíte hříchu.

Co se stalo, když uviděl David Batšebu, ženu Uriáše, jak se koupe? Neusekl žádost očí, ale přijal ji, čímž dal vzniknout žádosti těla, která v něm vzbudila touhu si ženu vzít. Nakonec si ženu vzal a dokonce se dopustil hříchu spočívajícímu v tom, že poslal jejího manžela Uriáše do první linie bitvy, aby ho tam zabili. Tímto David způsobil, že na něj přišla veliká zkouška.

Pakliže nevymýtíme žádost očí, pokračuje to stimulací hříšných vlastností v nás. Například, pokud sledujeme obscénní materiály, podněcuje to hříšnou vlastnost v podobě cizoložné mysli. Přitom jak se díváme očima, vchází do nás žádost očí a satan rovněž žene naše myšlenky směrem nepravdy.

Ti, kdo věří v Boha, nesmějí přijímat žádost očí. Nesmíte se dívat ani poslouchat to, co není pravdivé a neměli byste ani chodit na místo, kde můžete přijít do kontaktu s nepravdivými věcmi. Bez ohledu na to, jak hodně se modlíte, postíte a po celou noc se modlíte, abyste vytrhli vaše tělo, pokud nevymýtíte žádost očí, vaše žádost těla nabere na síle a bude podněcována ještě urputněji. V důsledku toho nedokážete snadno zavrhnout tělo a pocítíte, že je velmi obtížné bojovat proti hříchům.

Například ve válce, pokud vojáci uvnitř městských hradeb dostávají zásoby od lidí mimo město, získávají sílu pokračovat v boji. Není snadné zničit nepřátelskou sílu uvnitř městských hradeb. Proto, abychom město porazili, musíme ho nejprve obklíčit a odříznout dodávky potravin a zbraní, aby nepřátelská síla nemohla získávat žádné jídlo ani zbraně. Pokud setrváváme v napadání, zatímco udržujeme tuto situaci, bude nepřátelská síla nakonec zničena.

Použitím tohoto příkladu, pokud nepřátelská síla ve městě je nepravda, tudíž tělo v nás, potom jsou posily zvenčí města žádost očí. Pokud nevymýtíme žádost očí, nebudeme moci zavrhnout hříchy ani půstem a modlitbami, protože hříšné vlastnosti neustále nabývají na síle. A tak musíme nejprve vymýtit žádost očí a modlit se a postit se, abychom se zbavili svých hříšných vlastností. Potom je budeme moci vyhnat díky Boží milosti a síle a plnosti Ducha svatého.

Dovolte mi uvést ještě jednodušší příklad. Pokud setrváváme v tom, že lijeme čistou vodu do nádoby, která je plná špinavé vody, špinavá voda se nakonec promění v čistou. Ale co se stane, když lijeme dovnitř nádoby čistou vodu a zároveň také špinavou vodu? Špinavá voda v nádobě se nestane čistou bez ohledu na to, jak dlouho ji tam budeme lít, pokud do ní nenalijeme jen čistou vodu. Stejným způsobem, abychom mohli vymýtit tělo a tříbit srdce ducha, nesmíme přijímat žádné další nepravdy, ale pouze pravdu.

Prázdná chlouba života

Lidé mají tendenci se vychloubat. „Prázdná chlouba života" je „ješitnost a vychloubačnost v naší přirozenosti, kterou máme o potěšeních tohoto života." Například, lidé se chtějí chlubit svou rodinou, dětmi, manželem či manželkou, drahým oblečením, pěkným domem nebo drahokamy. Chtějí být uznáváni pro svůj vzhled nebo talent. Dokonce se chvástají tím, že se přátelí s vlivnými lidmi nebo celebritami. Prázdnou chloubu života máte v případě, že si vysoko ceníte majetek, pověst, vědění, talent a vzhled lidí na tomto světě a nadšeně je vyhledáváte.

Jaký však má význam vychloubat se takovými věcmi?

Kazatel 1:2-3 říká, že všechno pod sluncem je pomíjivost. Jak je zapsáno v Žalmu 103:15: *„Člověk, jehož dny jsou jako tráva, rozkvétá jak polní kvítí,“* vychloubání se tímto světem nám nemůže poskytnout skutečnou hodnotu nebo život. Spíše je to nepřátelské vůči Bohu a vede nás to ke smrti. Jestliže zavrhneme bezvýznamné tělo, budeme osvobozeni od vychloubání se či žádosti, a tak budeme následovat pouze pravdu.

1 Korintským 1:31 nám říká, že ten, kdo se chlubí, ať se chlubí v Pánu. To znamená, že bychom se neměli vychloubat, abychom vyzdvihli sami sebe, ale pro Boží slávu. Tudíž to znamená chlubit se křížem a Pánem, který nás spasil a nebeským královstvím, které pro nás připravil. Také bychom se měli chlubit milostí, požehnáním, slávou a čímkoliv, co nám Bůh dal. Když se chlubíme v Pánu, Bohu se to líbí a odplácí nám v podobě materiálního i duchovního požehnání.

Povinnost člověka spočívá v uctivé bázni před Bohem a milování Boha. A hodnota každého člověka bude záviset na tom, do jaké míry se stal člověkem ducha (Kazatel 12:13).

Jakmile zavrhneme všechny hříchy a zlo, tudíž skutky těla a věci těla, a obnovíme ztracený Boží obraz, můžeme přesáhnout úroveň prvního člověka Adama, který byl živým tvorem. To znamená, že se můžeme stát člověkem ducha a neporušeného ducha. Proto nesmíme dělat žádná zaopatření pro tělo, co se týče jeho žádostí, ale pouze se odít v Kristu.

Kapitola 4

Mimo úroveň duchovně živého tvora

Jakmile zničíme tělesné myšlenky,
zmizí fungování duše způsobem náležejícím tělu
a zůstane pouze fungování duše způsobem náležejícím duchu.
Duše zcela poslouchá svého pána ducha se slovem ‚Amen'.
Když pán vykonává povinnosti pána a služebník povinnosti služebníka,
říkáme, že se naší duši dobře daří.

- Omezené srdce člověka
- Stát se člověkem ducha
- Duchovně živý a tříbený tvor
- Duchovní víra je opravdová láska
- Ke svatosti

I novorozené děti jsou lidské bytosti, ale nedokážou fungovat jako hotová lidská bytost. Nemají žádné poznání. Nejsou dokonce schopny ani rozpoznat své rodiče. Nevědí, jak přežít. Podobně Adam, který byl stvořený jako duchovně živý tvor, nedokázal na počátku vykonávat své povinnosti člověka. Začal být smysluplným tvorem až poté, co byl naplněn poznáním ducha. Začal žít jako pán všeho stvoření, zatímco se od Boha jedno po druhém učil poznání ducha. V té době bylo Adamovo srdce duchem samotným, a tak zde nebylo zapotřebí použít slovo ‚srdce'.

Ale potom, co zhřešil, jeho duch zemřel. Poznání ducha z něho začalo pozvolna unikat a namísto toho byl naplněn poznáním těla, kterým ho zásoboval nepřítel ďábel a satan. Jeho srdce již nemohlo být nazýváno ‚duch' a od té doby se nazývalo ‚srdce'.

Původně bylo Adamovo srdce stvořeno podle obrazu Boha, který je duchem. Adamovo srdce mohlo být rovněž rozšířeno do té míry, že bylo naplněno poznáním ducha. Avšak potom, co zemřel jeho duch, obklopilo jeho ducha poznání nepravdy a nyní začal dosahovat rozměr srdce určitých limitů. Prostřednictvím duše, která se stala pánem člověka, začal člověk nasávat různé druhy poznání a začal využívat toto poznání různými způsoby. Podle různého poznání a různých způsobů využívání poznání začalo být lidské srdce různými způsoby mobilizováno.

A tak i ti, kteří mají relativně veliká srdce, nejsou schopni zajít za určité limity nastavené individuální sebespravedlností, osobními stereotypy a svými vlastními teoriemi. Avšak jakmile přijmeme Pána Ježíše Krista, obdržíme Ducha svatého a dáme skrze Ducha život svému duchu, můžeme tyto lidské limity přestoupit. Kromě toho, do té míry, do jaké tříbíme srdce ducha, můžeme vnímat a dozvědět se o neomezeném duchovním světě.

Omezené srdce člověka

Když lidé duše poslouchají Boží slovo, jeho poselství se nejprve nasává do jejich mozku a oni pak využívají lidské myšlenky. Z tohoto důvodu nedokážou Boží slovo přijmout svým srdcem. Pochopitelně, nedokážou si uvědomovat duchovní věci ani se nedokážou změnit pomocí pravdy. Snaží se porozumět duchovnímu světu v rámci svého vlastního omezeného srdce, a tak vynášejí mnohé soudy. Také u nich dochází k nesprávnému pochopení a soudům i v případě patriarchů v Bibli.

Když Bůh nařídil Abrahamovi, aby obětoval svého jediného syna Izáka, někteří lidé říkají, že muselo být pro Abrahama velmi obtížné Boha uposlechnout. Říkají něco jako: Bůh ho nechal tři dny jít na horu Mórija, aby vyzkoušel Abrahamovu víru; na cestě strávil Abraham dost času na to, aby zakusil veliká muka přemýšlením nad tím, zda poslechnout Boží nařízení nebo ne. Nakonec si ale zvolil poslechnout Boží slovo.

Skutečně měl Abraham takové problémy? Odešel brzy ráno, dokonce aniž by se poradil se svou manželkou Sárou. Zcela důvěřoval v moc a dobrotu Boha, který dokáže oživit mrtvé. Z tohoto důvodu dokázal bez zaváhání obětovat svého syna Izáka. Bůh viděl do nitra jeho srdce a uznal jeho víru a lásku. V důsledku toho se Abraham stal otcem víry a byl nazván ‚přítelem Božím'.

Pokud člověk nerozumí úrovni víry a poslušnosti, které se mohou líbit Bohu, bude takové věci nesprávně chápat, protože přemýšlí v rámci svého omezeného srdce a kritéria víry. Líbit se Bohu a rozumět těm, kdo milují Boha nejvyšší možnou měrou, můžeme do té míry, do jaké vyženeme hříchy a tříbíme srdce ducha.

Stát se člověkem ducha

Bůh je duch, a tak chce, aby se také jeho děti staly lidmi ducha. Co tedy musíme udělat, abychom se stali člověkem ducha, jehož duch se stal pánem nad jeho duší a tělem? Především musíme vymýtit myšlenky nepravdy, tudíž tělesné myšlenky, aby nás neovládal satan. Namísto toho musíme slyšet hlas Ducha svatého, který pohne naším srdcem skrze Slovo pravdy. Musíme nechat svou duši, aby tento hlas zcela uposlechla. Zatímco posloucháme Boží slovo, musíme ho přijímat se slovem ‚Amen' a horlivě se modlit, dokud nepochopíme duchovní význam Božího slova.

Když takto konáme, tak pokud přijmeme plnost Ducha svatého, náš duch se stane pánem a my můžeme dospět na duchovní dimenzi a komunikovat s Bohem každý den. A tak, poslouchá-li duše zcela pána, ducha, a jedná jako otrok, říkáme, že se naší duši ‚dobře daří'. Daří-li se dobře naší duši, bude se nám dařit ve všech věcech a budeme zdraví.

Pokud dobře rozumíme způsobu fungování naší duše a obnovíme ho způsobem, po jakém touží Bůh, potom nás již satan nebude více podněcovat. Můžeme obnovit ztracený Boží obraz, který Adam ztratil díky svému pádu. Nyní bude správně ustaven řád mezi duchem, duší a tělem a my se můžeme stát opravdovými Božími dětmi. Potom můžeme dokonce překročit úroveň duchovně živého tvora, což byla úroveň Adama. Nejenom, že obdržíme autoritu a moc vládnout nad všemi věcmi, ale také se budeme těšit z věčné radosti a štěstí v nebeském království, které je na vyšší úrovni než zahrada Eden. Jak je řečeno ve 2 Korintským 5:17: *„Kdo je v Kristu, je nové stvoření. Co je staré, pominulo, hle, je tu nové!"* staneme se zcela novým stvořením v Pánu.

Duchovně živý a tříbený tvor

Když zachováváme Boží nařízení, která nám říkají, abychom

určité věci nedělali a určité věci dodržovali, znamená to, že se nedopouštíme skutků těla a držíme se v pravdě. Do stejné míry se postupně stáváme lidmi ducha. Po tu dobu, jak dlouho jsme lidmi těla, kteří praktikují nepravdu, můžeme mít různé problémy nebo onemocnět, ale jakmile se jednou staneme lidmi ducha, bude se nám dobře dařit ve všech věcech a budeme zdraví.

Také přitom, jak zavrhujeme zlo, protože nám Bůh říká, abychom určité věci zavrhovali, budou naše ‚věci těla' a tělesné myšlenky odstraněny, takže budeme mít duši náležející pravdě. Zatímco uvažujeme pouze v pravdě, uslyšíme hlas Ducha svatého ještě jasněji. Jestliže se naplno podrobujeme Božím nařízením, která nám říkají, abychom dodržovali, nedělali nebo zavrhovali určité věci, můžeme být uznáni za lidi ducha, protože v sobě nebudeme mít žádnou nepravdu. Kromě toho, pokud naplno provádíme Boží nařízení, která nám říkají, abychom určité věci dělali, staneme se lidmi neporušeného ducha.

Navíc, existuje veliký rozdíl mezi těmito lidmi ducha a Adamem, který býval duchovně živým tvorem. Adam nikdy nezakusil nic tělesného prostřednictvím tříbení člověka, a tak nemohl být považován za plně duchovní bytost. Nemohl nikdy rozumět ničemu okolo žalu, bolesti, smrti nebo odloučení, která způsobuje tělo. To znamená, že na druhou stranu nemohl zažít skutečnou vděčnost nebo díky či lásku. Třebaže ho Bůh velmi miloval, Adam nedokázal ocenit, jak dobrá tato láska byla. Užíval si těch nejlepších věcí, ale nedokázal vnímat, že je velmi šťastný. Nemohl být skutečným Božím dítětem, které by s Bohem dokázalo sdílet své srdce. Až poté, co člověk projde tělesnými věcmi a zná je, může se stát skutečnou duchovní bytostí.

Když byl Adam duchovně živým tvorem, nezakusil nic tělesného. Tudíž tu vždy byla možnost přijmout tělesné a zkažené. Adamův duch nebyl úplný a dokonalý duch v opravdovém slova smyslu, ale duch, který může zemřít. To je důvod, proč byl nazýván živým tvorem, což znamená duchovně živým tvorem. Někteří lidé se tedy mohou ptát, jak mohl duchovně živý tvor podlehnout pokušení od satana. Dovolte mi zde uvést alegorii.

Dejme tomu, že rodina má dvě velmi poslušné děti. Jedno z nich se kdysi popálilo horkou vodou, zatímco druhé se nikdy nepopálilo. Jednoho dne jim matka ukáže na konvici s horkou vodou a poví jim, aby se jí nedotýkaly. Obvykle svou matku poslouchají, takže se jí ani jedno z nich nedotkne.

Jedno z dětí však už kdysi zažilo, že konvice s horkou vodou je velmi nebezpečná, a tak poslechne ochotněji. Také rozumí matčinu srdci, které je miluje a snaží se je ochránit tím, že je varuje. Na druhou stranu v druhém dítěti, které nemělo takovou zkušenost, vzroste zvědavost, když vidí konvici, ze které vychází pára. Nedokáže vůbec pochopit záměr své matky. Vždy existuje riziko, že se pokusí dotknout horké konvice z pouhé zvědavosti.

Stejné to bylo s duchovně živým tvorem Adamem. Slyšel, že hříchy a zlo jsou strašlivé, ale nikdy je nezažil. Neexistoval pro něj žádný způsob přesně pochopit, co je to hřích a zlo. Protože nezakusil relativitu věcí, nakonec podlehl pokušení satana ze své vlastní svobodné vůle a jedl zakázané ovoce.

Na rozdíl od Adama, duchovně živého tvora, který nikdy nepochopil relativitu různých věcí, Bůh chtěl skutečné děti, které potom, co zakusí tělo, dosáhnou srdce ducha, a které za žádných okolností nikdy nezmění svou mysl. Velmi dobře také rozumějí kontrastu mezi tělem a duchem. Zakusily hříchy a zlo, bolest a žal na tomto světě, a tak vědí, jak bolestné, nečisté a pomíjivé tělo je. Také velmi dobře znají ducha, který je opakem těla. Vědí, jak je to krásné a dobré. A tak ze své vlastní svobodné vůle nikdy znovu nepřijmou tělo. Toto je rozdíl mezi duchovně živým tvorem a tříbeným tvorem.

Duchovně živý tvor pouze bezpodmínečně poslouchá, zatímco tříbený tvor bude poslouchat ze srdce potom, co zakusí dobro i zlo. Navíc ti lidé ducha, kteří zavrhnou všechny hříchy a zlo, obdrží požehnání v podobě vstoupení do třetího nebeského království mezi různými příbytky v nebi a lidé neporušeného ducha v podobě vstoupení do města nového Jeruzaléma.

Duchovní víra je opravdová láska

Jakmile se jednou při pochodu naší vírou staneme lidmi ducha, budeme moci vnímat štěstí a radost ve zcela jiné dimenzi. Budeme mít v srdci opravdový pokoj. Budeme se vždy radovat, bez ustání se modlit a vzdávat díky za všechno, jak je psáno v 1 Tesalonickým 5:16-18. Porozumíme srdci a vůli Boha, který nám dává skutečné štěstí, a tak budeme moci milovat Boha opravdovým srdcem a za všechno mu děkovat.

Slyšeli jsme, že Bůh je láska, ale předtím, než se staneme lidmi ducha, nemůžeme tuto lásku skutečně poznat. Až poté, co pochopíme Boží prozíravost skrze proces tříbení člověka, dokážeme hluboce porozumět, že Bůh je láska samotná a že ho musíme především nade všechno milovat.

Do té doby, dokud nezavrhneme tělo z našich srdcí, nejsou naše láska a díky pravdivé. Ačkoliv říkáme, že milujeme Boha a jsme mu vděční, můžeme změnit běh svého života, když už pro nás nejsou věci dále prospěšné. Říkáme, že jsme vděční, když jdou věci dobře, ale brzy po nějakém čase zapomínáme na milost. Jestliže jsou před námi obtížné věci, spíše než abychom pamatovali na milost, jsme otrávení a dokonce nahněvaní. Zapomínáme na svou vděčnost a milost, kterou jsme obdrželi.

Díky od lidí ducha však vycházejí z hloubi jejich srdce, a tak se nikdy nemění ani postupem času. Rozumějí prozíravosti Boha, který tříbí lidské bytosti, navzdory všem nesnesitelným bolestem, které to obnáší a vzdávají díky s veškerou úctou a z hloubi svého srdce. Rovněž opravdově milují a děkují Pánu Ježíši, který vzal na sebe kříž za nás a Duchu svatému, který nás vede k pravdě. Jejich láska a díky se nikdy nezmění.

Ke svatosti

Lidé byli zkaženi hříchy, ale poté, co přijmou Ježíše Krista a obdrží milost spasení, může je víra a moc Ducha svatého proměnit. Mohou překročit úroveň duchovně živého tvora. Do té míry, do jaké z nich vycházejí nepravdy a namísto toho jsou naplňováni pravdou, se mohou stát lidmi ducha dosažením svatosti v sobě.

Když lidé vidí zlé věci, ve většině případů spojují to, co vidí, s nepravdou v sobě, čímž vnímají špatnost a přemýšlejí ve špatnosti. Tímto způsobem jsou náchylní k tomu projevovat zlé skutky. Ale ti, kdo jsou posvěceni, v sobě nemají žádnou nepravdu, a tak z nich nevycházejí žádné zlé myšlenky ani zlé skutky. Na prvním místě nevidí zlé věci, ale i když náhodou tyto věci vidí, nespojují si tyto věci se zlými myšlenkami nebo skutky.

Za posvěcené můžeme být pokládáni, pokud tříbíme čisté srdce, které nemá žádnou skvrnu nebo kaz, a to tak že z něj vytrháváme zlo, které je umístěno v hloubi našeho srdce. Ti, kdo mají pouze duchovní myšlenky, tudíž ti kdo se dívají, poslouchají, mluví a jednají pouze v pravdě, jsou skutečné Boží děti, které překročily úroveň ducha.

Jak je zaznamenáno v 1 Janově 5:18: „*Víme, že nikdo, kdo se narodil z Boha, nehřeší, ale Syn Boží jej chrání a Zlý se ho ani nedotkne,*“ v duchovním světě znamená moc bezhříšnost. Být bez hříchu je svatost. Z tohoto důvodu můžeme obnovit autoritu, která byla dána duchovně živému tvorovi Adamovi, a porazit a podmanit si nepřítele ďábla a satana do té míry, do jaké vyženeme hříchy.

Jakmile se staneme lidmi ducha, ďábel se nás již nemůže dotknout a jakmile se staneme lidmi neporušeného ducha a vybudujeme dobro a lásku, budeme moci konat mocné skutky Ducha svatého a dělat veliké a mocné věci.

Lidmi ducha a neporušeného ducha se můžeme stát tím, že se staneme posvěcenými (1 Tesalonickým 5:23). Pokud přemýšlíme o Bohu, který tříbí lidstvo a snáší ho po tak dlouhou dobu, aby získal skutečné děti, potom dokážeme pochopit, že nejsmysluplnější věcí v životě je stát se lidmi ducha a neporušeného ducha.

Část 3

Obnovení ducha

Jsem člověkem těla nebo ducha?

Jak se od sebe liší duch a neporušený duch?

„Ježíš odpověděl: ‚Amen, amen,
pravím tobě, nenarodí-li se kdo z vody a z Ducha,
nemůže vejít do království Božího.
Co se narodilo z těla, je tělo,
co se narodilo z Ducha, je duch.'"
- Jan 3:5-6

Kapitola 1

Duch a neporušený duch

Protože je jejich duch mrtev, potřebuje lidstvo spasení.
Náš křesťanský život je procesem růstu ducha potom,
co byl tento duch oživen.

- Co je duch?

- Obnovit ducha

- Proces růstu ducha

- Tříbení dobré půdy

- Stopy těla

- Důkaz neporušeného ducha v nás

- Požehnání daná lidem ducha a neporušeného ducha

Duch člověka zemřel kvůli Adamovu hříchu. Od té doby se duše člověka stala jeho pánem. Lidé neustále přijímají nepravdy a následují svou žádost. V konečném důsledku nemohou získat spasení. Protože je ovládá jejich duše, která je pod vlivem satana, dopouštějí se hříchů a směřují do pekla. To je důvod, proč všichni lidé potřebují spasení. Bůh hledá skutečné děti, které jsou spasené prostřednictvím tříbení člověka, tudíž hledá lidi ducha a neporušeného ducha.

Jak říká 1 Korintským 6:17: *„Kdo se oddá Pánu, je s ním jeden duch,"* skutečné Boží děti jsou těmi, které byly s Ježíšem Kristem spojeny v duchu.

Jakmile přijmeme Ježíše Krista, začneme žít v pravdě pomocí Ducha svatého. Pokud žijeme v pravdě do plné míry, znamená to, že jsme se stali lidmi ducha, kteří mají srdce Pána. To je, když jsme s Pánem jeden duch. Nicméně ačkoliv jsme se stali jedním duchem, Boží duch a duch člověka se od sebe navzájem zcela liší. Bůh je duch samotný bez fyzického těla, ale duch člověka je obsažený ve fyzickém těle. Bůh má formu ducha, která patří nebi, kdežto člověk má formu ducha ve fyzickém těle, které je stvořené z prachu země. Je tu veliký rozdíl mezi Bohem Stvořitelem a lidskými bytostmi, které jsou jeho stvořením.

Co je duch?

Mnoho lidí má za to, že slovo ‚duch' je zaměnitelné se slovem ‚duše'. *Merriam-Websterův slovník (The Merriam-Webster's Dictionary)* říká, že duch je ‚živoucí nebo vitální princip pojímající v sobě možnost dát život fyzickému organizmu nebo nadpřirozenému tvoru či podstatě'. Ale duch z Božího pohledu je něco, co nikdy neumírá, nikdy nezaniká ani se nemění, ale je věčné. Je to život a pravda samotná.

Kdybychom měli najít něco, co má vlastnosti ducha na této zemi, bylo by to zlato. Jeho třpyt se ani postupem času nikdy nemění, nikdy nemizí ani neslábne. Z tohoto důvodu Bůh připodobňuje naši víru k čistému zlatu a rovněž staví domy v nebi ze zlata a jiných vzácných drahých kamenů.

První člověk, Adam, obdržel část původní Boží přirozenosti, když Bůh vdechl v jeho chřípí dech života. Byl stvořen jako nedokonalý duch. To proto, že pro něj existovala možnost vrátit se zpět do tělesného tvora s vlastnostmi půdy. Nebyl ‚duchem' samotným. Byl ‚duchovně živým tvorem', což byl ‚živý tvor'.

Z jakého důvodu Bůh stvořil Adama jako duchovně živého tvora? To proto, že chtěl, aby Adam překročil dimenzi duchovně živého tvora tím, že zakusí skrze tříbení člověka tělo a vyjde z toho jako člověk neporušeného ducha. To se nevztahuje pouze na Adama, ale platí to pro všechny jeho potomky. Z tohoto důvodu Bůh připravil Spasitele Ježíše a Přímluvce Ducha svatého už od věčnosti.

Obnovit ducha

Adam žil v zahradě Eden jako duchovně živý tvor po nezměrnou dobu, ale nakonec byla jeho komunikace s Bohem kvůli jeho hříchu přerušena. V té době do něj začal satan sázet poznání nepravdy prostřednictvím jeho duše. V tomto procesu se poznání ducha, které dal člověku Bůh, začalo vytrácet a bylo nahrazeno obsahem těla, což je poznání nepravdy, které dává satan.

Jak šel čas, obsah těla postupně člověka naplnil. Nepravda obklopila a udusila semínko života v člověku. Bylo to, jakoby nepravda uvěznila a spoutala semínko života, aby se stalo zcela neaktivním. Stavu, kdy se semínko života stává zcela neaktivním, říkáme, že duch je ‚mrtvý'. Slovy, že duch je mrtvý, se má na mysli, že Boží světlo, které může učinit semínko života aktivním, zmizelo. Co tedy musíme udělat, abychom oživili mrtvého ducha?

Nejprve ze všeho se musíme narodit z vody a z Ducha.

Přitom, jak posloucháme Boží slovo, které je pravdou a přijmeme Ježíše Krista jako svého osobního Spasitele, nám Bůh dává do našeho srdce dar Ducha svatého. V Janovi 3:5 Ježíš řekl: „*Amen, amen, pravím tobě, nenarodí-li se kdo z vody a z*

Ducha, nemůže vejít do království Božího." Z tohoto můžeme vidět, že můžeme být spaseni až poté, co se narodíme z vody, kterou je Boží slovo a z Ducha svatého.

Duch svatý přichází do našeho srdce a způsobuje, že se naše semínko života znovu stává aktivním. Toto je oživení našeho mrtvého ducha. Pomáhá nám zavrhnout tělo, které je nepravdivé, zničit nepravdivé skutky duše a dodává nám poznání pravdy. Pokud nedostaneme Ducha svatého, nemůže být náš mrtvý duch oživen ani nemůžeme porozumět duchovnímu významu v Božím slově. Slovo, kterému nedokážeme rozumět, nemůže být zasazeno do našeho srdce a nemůžeme získat duchovní víru. Dosáhnout duchovního porozumění a víry, abychom věřili ze srdce, můžeme pouze za pomoci Ducha svatého. Když se modlíme, můžeme společně s tímto dosáhnout síly uskutečňovat Boží slovo a žít podle něho. Bez pomoci Ducha svatého skrze modlitby nemůže existovat síla uskutečňovat Slovo.

Za druhé, musíme nepřetržitě dávat život duchu skrze Ducha.

Jakmile je jednou náš duch oživen tím, že přijme Ducha svatého, musíme pokračovat v tom, že svého ducha naplňujeme poznáním pravdy. To je zplození ducha skrze Ducha. S tím, jak se usilovně modlíme s pomocí Ducha svatého, abychom bojovali proti hříchům až do prolití krve, zlo a nepravda v srdci mizí. Kromě toho, do té míry, do jaké přijmeme poznání pravdy, které nám dodá Duch svatý v podobě lásky, dobroty, pravdivosti, mírnosti a pokory, budeme mít postupně více pravdy a dobroty ve svém srdci. Jinými slovy, přijetí pravdy skrze Ducha svatého je odvrácení se od kroků učiněných v procesu, kterým se lidstvo zkazilo od pádu Adama.

Existují však lidé, kteří získali Ducha svatého, ale nemění svá srdce. Nenásledují touhy Ducha svatého, ale namísto toho pokračují v životě v hříchu a následují touhy těla. Zprvu se snaží zavrhovat hříchy, ale od určitého časového okamžiku se stávají vlažnými ve své víře a přestávají proti hříchům bojovat. Od chvíle, kdy přestanou bojovat proti hříchům, se přátelí se světem nebo se dopouštějí hříchů. Jejich srdce, která se stala postupně čistými a vybělenými, jsou znovu potřísněna hříchem. Třebaže jsme obdrželi Ducha svatého, tak pokud naše srdce neustále nasává nepravdy, semínko života nemůže nabýt síly.

1 Tesalonickým 5:19 nás varuje slovy: *„Plamen Ducha nezhášejte.“* Můžeme dosáhnout stavu, kdy jsme podle jména živí, ale potud, pokud se nepromĕníme potom, co obdržíme Ducha svatého, jsme mrtví (Zjevení 3:1). Takže, i když jsme získali Ducha svatého, neustáváme-li ve svém životě v hříchu a špatnosti, bude tento Duch svatý postupně uhašen.

Proto se musíme ustavičně snažit o to, abychom změnili své srdce, dokud se zcela nestane srdcem pravdy. V 1 Janově 2:25 se říká: *„ A to je zaslíbení, které on nám dal: život věčný.“* Ano, Bůh nám dal zaslíbení. Ale je k němu připojena podmínka.

Je to tak, že bychom měli být spojeni s Pánem a Bohem uskutečňováním Božího slova, které jsme slyšeli, aby nám Bůh dal věčný život. Dokud nežijeme v Bohu a Pánu, nemůžeme získat spasení, třebaže říkáme, že věříme v Pána.

Proces růstu ducha

Jan 3:6 říká: „*Co se narodilo z těla, je tělo, co se narodilo z Ducha, je duch.*" Jak je psáno, nemůžeme dát život duchu, pokud zůstáváme v těle.

Proto, jakmile jsme přijali Ducha svatého a náš mrtvý duch byl oživen, duch musí setrvat v růstu. Co kdyby dítě řádně nerostlo nebo kdyby nerostlo vůbec? Takové dítě by nebylo schopné žít normální život. S duchovním životem je to stejné. Ty Boží děti, které získaly život, musí setrvávat v růstu své víry a přimět svého ducha k růstu.

Bible nám říká, že každý z nás má jinou míru víry (Římanům 12:3). 1 Janův 2:12-14 nám říká o různých úrovních víry a člení je na víru dětí, mládenců a otců:

> *Píšu vám, děti, že jsou vám odpuštěny hříchy pro jeho jméno. Píšu vám, otcové, že jste poznali toho, který je od počátku. Píšu vám, mládenci, že jste zvítězili nad Zlým. Napsal jsem vám, děti, že jste poznali Otce. Napsal jsem vám, otcové, že jste poznali toho, který jest od počátku. Napsal jsem vám, mládenci, že jste silní a slovo Boží ve vás zůstává, a tak jste zvítězili nad Zlým.*

Do té míry, do jaké se změníme, abychom dosáhli pravdivého srdce, nám Bůh shůry dodává víru. Je to víra, kterou můžeme věřit ze srdce, což znamená ‚dát život duchu skrze Ducha'. To je to, co dělá Duch svatý: Duch svatý nám umožňuje, abychom dali život duchu a pomáhá nám zvětšit naši víru. Duch svatý přichází do našeho srdce a vyučuje nás o hříchu, spravedlnosti a soudu (Jan 16:7-8). Pomáhá nám věřit v Ježíše Krista.

Rovněž nám pomáhá si uvědomit duchovní význam obsažený v Božím slově a přijmout jej naším srdcem. V tomto procesu můžeme obnovit Boží obraz a stát se skutečným Božím dítětem, kterým jsou lidé ducha a neporušeného ducha.

Aby náš duch rostl, musíme nejprve zničit své tělesné myšlenky. Tělesné myšlenky se tvoří, když se nepravda v našem srdci projeví skrze nepravdivý způsob fungování duše. Například, pokud máte ve svém srdci zlo a pokud slyšíte, že někdo o vás roznášel pomluvy, bude vaše duše nejprve fungovat nepravdivým způsobem. Budete mít tělesné myšlenky spočívající v tom, že si budete myslet, že ten člověk je pěkně drzý. Budete uraženi a mohou ve vás sílit jiné negativní pocity.

V této chvíli je to satan, kdo ovládá vaši duši. Satan je ten, který do vás vkládá zlé myšlenky. Prostřednictvím takovéhoto způsobu fungování duše se rozdmýchávají nepravdy v srdci, což jsou věci těla jako nálada, nenávist, hrubost a pýcha. Spíše než pokusit se druhým porozumět, budete chtít tuto osobu ihned konfrontovat.

Tyto věci těla, které byly zmíněny dříve, také patří k tělesným myšlenkám. Pokud vyjdou sebespravedlnost, vlastní vytvořená pojetí nebo teorie ven skrze způsob fungování duše, jsou to také věci těla. Dejme tomu, že člověk má stereotyp myšlení, kterým věří, že je správné nedělat ve víře kompromisy. Potom bude setrvávat v myšlení, že jeho názory jsou správné a zničí pokoj s druhými lidmi i v situacích, kdy by měl brát ohled na úroveň víry druhých a okolnosti, ve kterých se nacházejí. Také dejme tomu, že člověk má postoj k určitému tématu a věří, že bude velmi obtížné něčeho dosáhnout vzhledem k realitě dané situace. Toto je pak také pokládáno za tělesnou myšlenku.

I potom, co obdržíme Ducha svatého tím, že přijmeme Pána Ježíše, stále máme tělesné myšlenky do té míry, do jaké máme tělo, které jsme ještě neopustili. Když si vybavíme poznání pravdy, kterým je Boží slovo, máme duchovní myšlenky, ale když si vybavíme poznání nepravdy, máme tělesné myšlenky. Duch svatý nedokáže zmobilizovat poznání pravdy do té míry, do jaké máme tyto tělesné myšlenky.

To je důvod, proč v Římanům 8:5-8 čteme: „*Ti, kdo dělají jen to, co sami chtějí, tíhnou k tomu, co je tělesné; ale ti, kdo se dají vést Duchem, tíhnou k tomu, co je duchovní. Dát se vést sobectvím znamená smrt, dát se vést Duchem je život a pokoj. Soustředění na sebe je Bohu nepřátelské, neboť se nechce ani nemůže podřídit Božímu zákonu. Ti, kdo žijí jen z vlastních sil, nemohou se líbit Bohu.*“

Tato pasáž naznačuje, že můžeme dosáhnout úrovně ducha pouze tehdy, když prolomíme tělesné myšlenky. Ti, kdo setrvávají v těle, si nemohou pomoci jinak, než mít tělesné myšlenky a v důsledku toho se projevují myšlenkami, slovy a chováním, které jsou proti Bohu.

Jedním z nejzjevnějších příkladů postavení se proti Bohu kvůli tělesným myšlenkám je případ krále Saula v 15. kapitole 1 Samuelovy. Bůh jim tenkrát nařídil napadnout Amáleka a všechno u něj zničit. Byla to součást trestu, který měli obdržet za to, že se v minulosti postavili tvrdě proti Bohu.

Ale potom, co Saul vyhrál bitvu, odnesl si zpět nejlepší kusy z bravu a skotu a ze skopců se záminkou, že ho chce dát Bohu. Zároveň zajal krále Agaga namísto toho, aby ho zahubil. Chtěl se svým dílem pochlubit. Neposlechl, protože měl tělesné myšlenky pramenící z jeho chamtivosti a domýšlivosti. Protože byly jeho oči zaslepené jeho chamtivostí a domýšlivostí, pokračoval ve svých tělesných myšlenkách a nakonec čelil žalostné smrti.

Základní příčina toho, proč máme tělesné myšlenky, spočívá v tom, že ve svém srdci máme nepravdy. Pokud máme ve svém srdci pouze poznání pravdy, nikdy nemůžeme mít tělesné myšlenky. Ti, kdo nemají žádné tělesné myšlenky, budou mít přirozeně jen duchovní myšlenky. Poslouchají hlas a vedení Ducha svatého, takže je Bůh může milovat a mohou zakoušet jeho působení.

A tak to znamená, že musíme horlivě zavrhovat nepravdy a naplňovat se poznáním pravdy, kterým je Boží slovo. Naplnit se poznáním pravdy neznamená, že ji máme pouze ve své hlavě, ale že musíme naplnit a tříbit své srdce Božím slovem. Zároveň musíme nahradit naše vlastní myšlenky duchovními myšlenkami. Když na sebe s druhými vzájemně působíme nebo se díváme na určité události, neměli bychom vynášet soudy a odsuzovat ze svého vlastního úhlu pohledu, ale musíme se snažit je vidět v pravdě. Musíme neustále zkoumat, zda v každé chvíli s druhými jednáme v dobrotě, lásce a pravdě, abychom se mohli změnit. Tímto způsobem můžeme duchovně růst.

Tříbení dobré půdy

Přísloví 4:23 říká: *„Především střez a chraň své srdce, vždyť z něho vychází život.“* Říká se zde, že zdroj života, který nám dává věčný život, vychází ze srdce. Ovoce můžeme sklidit pouze potom, co zasejeme semínka do půdy, aby mohla vyklíčit, vykvést a nést ovoce. Stejně tak můžeme nést duchovní ovoce až poté, co semínko Božího slova spadne na půdu našeho srdce.

Když je Boží slovo, které je zdrojem života, zaseto do srdce, má dvě funkce. Vyorává hříchy a nepravdy z našeho srdce a pomáhá nést ovoce. Bible obsahuje velké množství nařízení, ale tato nařízení spadají pod jednu ze čtyř kategorií: určité věci máme dělat, nedělat, dodržovat a zavrhovat. Například Bible nám říká, abychom ‚zavrhovali‘ chtivost a všechny formy zla. Příklady z kategorie ‚nedělat‘ mohou být ‚neměj nenávist‘ nebo ‚nesuď‘. Přitom, jak posloucháme tato nařízení, hříchy jsou z našeho srdce vytrženy. To znamená, že do našeho srdce přichází Boží slovo a tříbí ho v dobrou půdu.

Bylo by ale k ničemu, pokud bychom po zorání půdy jednoduše přestali. Abychom mohli nést devět druhů ovoce

Ducha svatého, nést požehnání blahoslavenství a duchovní lásku, musíme do zorané půdy zasadit semínka pravdy a dobroty. Nést ovoce znamená poslouchat nařízení, která nám říkají, abychom určité věci dodržovali a dělali. Když dodržujeme a uskutečňujeme Boží nařízení, nakonec můžeme nést ovoce.

Proces, při kterém se stáváme člověkem ducha, jak je zmíněno v první části této kapitoly o ‚Tříbení', je stejný jako tříbení pole našeho srdce. Netříbené pole měníme v pole s dobrou půdou zoráním půdy, vytažením kamenů a vytrháním plevele. Podobně musíme zavrhovat všechny skutky těla a věci těla v poslušnosti Božímu slovu, které nám říká, abychom určité věci ‚nedělali' a ‚zavrhovali'. Každý člověk v sobě má různé podoby zla. A tak, pokud vytáhneme kořen zla, který je pro nás nejobtížnější zavrhnout, všechny ostatní formy zla k tomu přidružené vyjdou ven společně s ním. Například, pokud člověk, který v sobě má skrytou velikou míru žárlivosti, vytrhne ze svého srdce žárlivost, tak budou spolu s touto žárlivostí vytrženy ostatní formy zla v podobě nenávisti, pomlouvání a lží.

Jakmile jednou vytrhneme velký kořen hněvu, budou spolu s ním vytrženy další formy zla v podobě podrážděnosti a znechucení. Pokud se modlíme a snažíme se zavrhnout hněv, Bůh nám dává milost a sílu a Duch svatý nám pomáhá ho opustit. Přitom jak setrváváme v používání Slova pravdy ve svém každodenním životě, budeme naplněni Duchem svatým a síla těla bude oslabena. Dejme tomu, že někdo se běžně rozzlobí i desetkrát denně, ale s tím jak se frekvence snižuje na devět, sedm a pět, nakonec hněv zmizí. Když tak činíme, tak pokud proměníme své srdce v dobrou půdu tím, že zavrhneme všechny hříšné vlastnosti, stane se toto srdce srdcem ‚ducha'.

Na vrchol toho musíme zasadit Slovo pravdy, které nám říká, abychom určité věci dělali a dodržovali, jako např. milovali druhé, odpouštěli jim a sloužili jim a také dodržovali den odpočinku. Tady se nezačínáme naplňovat pravdou až poté, co dokončíme zavrhování všech nepravd. Zavrhování nepravd a jejich nahrazování pravdami musí být učiněno zároveň. Jakmile máme skrze tento proces jednou ve svém srdci pouze pravdu, můžeme být pokládáni za ty, kdo se stali člověkem ducha.

Jednou z věcí, kterou musíme zavrhnout, abychom se stali člověkem ducha, je zlo, které je v naší původní povaze. V porovnání s půdou jsou tyto podoby zla původní povahy jako vlastnosti půdy. Tyto podoby zla jsou předávány z rodičů na děti prostřednictvím životní energie zvané ‚chi'. Rovněž, pokud přicházíme během svého růstu do kontaktu se špatnými věcmi a přijímáme je, naše povaha je čím dál tím horší. Zlo v naší původní povaze se za běžných okolností neodhaluje a je obtížné si ho uvědomit.

A tak třebaže jsme zavrhli všechny hříchy a zlo, které jsou na povrchu zjevné, zavrhování zla, které je umístěno hluboko v naší povaze, není něco, čeho je snadné dosáhnout. Abychom to vyřešili, musíme se horlivě modlit a vynaložit všechno úsilí k tomu, abychom ho odhalili a zavrhli.

Potom, co dosáhneme určitého bodu, dojde v některých případech k přerušení našeho duchovního růstu. Je to kvůli zlu v naší povaze. Abychom odstranili plevel, musíme ho vytrhnout s kořeny a ne pouze jeho listy a stonek. Stejně tak můžeme mít srdce ducha až poté, co si rovněž uvědomíme a zavrhneme zlo ve své povaze. Jakmile se touto cestou staneme člověkem ducha, naše svědomí bude pravdou samotnou a naše srdce bude naplněno pouze pravdou. To znamená, že naše srdce se stane duchem samotným.

Stopy těla

Lidé ducha nemají v srdci žádné zlo, a protože jsou plni Ducha, jsou vždy šťastní. To však není něco dokončeného. Stále v sobě mají ‚stopy těla'. Stopy těla souvisejí s osobností nebo s původní povahou každé osoby. Například někteří lidé jsou pravdiví, spravedliví a přímočaří, ale postrádají velkorysost a soucit. Další mohou být plní lásky a dokážou se pro druhé rozdat, ale mohou být příliš emocionální nebo jejich slova a chování mohou být až hrubé.

Protože tyto vlastnosti zůstávají jako stopy těla v jejich osobnostech, stále na ně mají vliv i potom, co vejdou v ducha. Je to hodně stejné jako oděv, který má na sobě staré skvrny. Původní barvy materiálu nelze zcela dosáhnout, třebaže ho pořádně vypereme. Tyto stopy těla nelze pokládat za špatné, ale musíme je zavrhnout a být zcela naplněni devíti druhy ovoce Ducha, které nám umožňují vejít v neporušeného ducha. Můžeme říct, že srdce, které nemá žádnou nepravdu jako dobře zorané pole, je ‚duch'. Když je zaseto semínko do dobře tříbeného pole srdce a nese překrásné ovoce ducha, potom můžeme toto srdce pokládat za srdce ‚neporušeného ducha'.

Když král David vešel v ducha, Bůh na něho dopustil zkoušku. Jednoho dne David nařídil Jóabovi provést sčítání lidu. To znamená, že sčítali množství lidu, který může jít do války. Jóab věděl, že to není v Božích očích správné a snažil se od toho Davida odradit. David však neposlouchal. V důsledku toho nadešel Boží hněv a mnoho lidí zemřelo na mor.

David velmi dobře znal Boží vůli, tak jak mohl dopustit, aby se něco takového stalo? Davida bojoval v mnoha bitvách s pohany a dlouhou dobu ho stíhal král Saul. Stíhal ho a ohrožoval jeho život dokonce jeho vlastní syn. Avšak potom, co uběhla dlouhá doba, tak s tím jak se upevnila jeho politická moc a moc jeho národa vzrostla, jeho mysl se upokojila a stal se laxním. Nyní se chtěl vychloubat vysokým počtem lidu ve své vlastní zemi.

Jak je zaznamenáno v Exodu 30:12: „*Když budeš pořizovat soupis Izraelců povolaných do služby, dá každý při sčítání výkupné Hospodinu za svůj život, aby je při sčítání nestihla nenadálá pohroma,*" Bůh jednou synům Izraele nařídil, aby provedli sčítání lidu po vyjití z Egypta, ale to kvůli zorganizování lidu. Každý z nich musel dát Hospodinu výkupné za svůj život, a to aby si pamatovali, že život každého existoval díky Boží ochraně, a tak mohli zůstat pokorní. Sečíst lid není hříchem samo o sobě; může být provedeno, když je to nezbytné. Bůh nicméně chtěl pokoru před Bohem uznáním skutečnosti, že moc spočívající v tom, že lidu bylo mnoho, pochází od Boha.

David však nařídil sčítání lidu, ačkoliv to Bůh nechtěl. To v podstatě mělo odhalit jeho srdce, které nespoléhalo na Boha, ale na lidi, protože velké množství bojeschopných mužů znamenalo, že měl mnoho vojáků a jeho národ byl silný. Když si David svou chybu uvědomil, okamžitě činil pokání, ale to se již nacházel na stezce velikých zkoušek. Na celou izraelskou zemi dopadl mor a 70 000 lidí ihned zemřelo.

Samozřejmě, že smrt tolika lidí nebyla způsobena výhradně Davidovou domýšlivostí. Král mohl provést sčítání kdykoliv a jeho záměrem nebylo hřešit. Proto z lidského pohledu nemůžeme říct, že zhřešil. Ale v očích dokonalého Boha Bůh mohl říct, že David nespoléhal zcela na něho a byl domýšlivý.

Existují věci, které nejsou z lidského pohledu pokládány za špatné, ale z pohledu dokonalého Boha mohou být pokládány za špatné. Jde o ‚stopy těla', které zůstávají potom, co je člověk posvěcený. Bůh dopustil takovou zkoušku na izraelský lid skrze Davida, aby ho učinil ještě dokonalejším tím, že odstraní takovéto stopy těla. Ale základní důvod, proč mor dopadl na izraelský lid, je ten, že hříchy lidu vyvolaly Boží hněv. Ve 2 Samuelově 24:1 čteme: *„Hospodin znovu vzplanul proti Izraeli hněvem a podnítil Davida proti nim: ‚Jdi, sečti Izraele a Judu!'"*

A tak, když nastal mor, dobří lidé, kteří mohli být spaseni, potrestáni nebyli. Ti, kdo zemřeli, byli ti, kdo se dopouštěli takových hříchů, které pro Boha nebyly přijatelné. Co se však týče Davida, když viděl lid umírat kvůli svému jednání, velmi mnoho se rmoutil a činil úplné pokání. Tudíž Bůh konal dvojnásob skrze jedinou událost. Potrestal hříšný lid a zároveň přinesl na Davida tříbení.

Po vykonání trestu nechal Bůh Davida obětovat zápalné a pokojné oběti u Aravnova humna. David učinil, jak Bůh přikázal. Odkoupil si dané místo a začal budovat Hospodinu oltář, takže můžeme vidět, že obnovil Boží milost. Skrze tuto zkoušku se David ještě více pokořil a to pro něj byl krok směrem k neporušenému duchu.

Důkaz neporušeného ducha v nás

Jestliže dosáhneme úrovně neporušeného ducha, projeví se to formou důkazů, což znamená, že poneseme hojné ovoce ducha. Neznamená to však, že dokud nedosáhneme úrovně neporušeného ducha, neponeseme žádné ovoce. Lidé ducha jsou v procesu, kdy nesou ovoce duchovní lásky, ovoce světla, devět druhů ovoce Ducha svatého a blahoslavenství. Protože jsou stále v procesu nesení tohoto ovoce, nenesou ještě dokonalé ovoce. Každý člověk ducha nese duchovní ovoce na jiné úrovni.

Například, pokud někdo poslouchá Boží nařízení, které nám říká, abychom určité věci ‚dodržovali' a ‚zavrhovali', nebude v žádné situaci pociťovat nenávist ani se chovat hrubě. V míře nesení ovoce mezi různými osobami ducha vyvstanou rozdíly, co se týče Božích nařízení, která nám říkají, abychom určité věci ‚dělali'. Bůh nám například říká, abychom ‚milovali'. A zde existuje úroveň, na které jednoduše druhé nemáte v nenávisti, zatímco existuje jiná úroveň, na které dokážete pohnout srdcem druhých aktivní službou. Kromě toho existuje úroveň, kdy dokážete dát za druhé dokonce i svůj život. Když je tento druh činu neměnný a dokonalý, můžeme říct, že jste tříbením získali neporušeného ducha.

Mezi jednotlivci také existují rozdíly v míře, v jaké nesou ovoce Ducha svatého. V případě člověka ducha může jeden nést určité ovoce až do úrovně 50% plné míry a druhý do úrovně 70% plné míry. Jeden může oplývat láskou, ale postrádat sebeovládání nebo mít velikou dávku věrnosti, ale postrádat mírnost.

Co se však týče lidí neporušeného ducha, ti nesou každý druh ovoce Ducha svatého do plné míry. Duch svatý hýbe jejich srdcem a ovládá ho na 100%, takže mají rovnováhu ve všech věcech, aniž by cokoliv postrádali. Pociťují horoucí vášeň pro Pána, zatímco mají dokonalé sebeovládání a chovají se přiměřeně v každé situaci.

Jsou laskaví a mírní jako kousek vaty a přesto mají důstojnost a autoritu jako lev. Mají lásku, aby hledali prospěch druhých ve všech věcech a dokonce obětovali své vlastní životy za druhé, ale nemají žádnou předpojatost. Poslouchají Boží spravedlnost. I když jim Bůh přikáže udělat něco z hlediska lidských schopností nemožného, pouze poslechnou se slovy ‚Ano' a ‚Amen'.

Navenek mohou skutky poslušnosti u člověka ducha i člověka neporušeného ducha vypadat stejné, ale ve skutečnosti se liší. Lidé ducha poslouchají, protože milují Boha, kdežto lidé neporušeného ducha poslouchají, protože rozumějí hloubce

Božího srdce a jeho záměru. Lidé neporušeného ducha se stali skutečnými Božími dětmi, které mají jeho srdce a dosáhli v Kristu plnosti v každém aspektu. Usilují o posvěcení ve všem a pokoj s každým a jsou věrní v celém Božím domě.

V 1 Tesalonickým 4:3 se říká: „*Neboť toto je vůle Boží, vaše posvěcení, abyste se zdržovali necudnosti.*" A v 1 Tesalonickým 5:23 se říká: „*Sám Bůh pokoje nechť vás cele posvětí a zachová vašeho ducha, duši i tělo bez úrazu a poskvrny do příchodu našeho Pána Ježíše Krista.*"

Příchod našeho Pána Ježíše Krista znamená, že Pán přijde, aby si s sebou vzal své děti před sedmiletým velikým soužením. To znamená, že musíme dosáhnout úrovně neporušeného ducha a uchovat se neporušení, abychom se setkali s Pánem dříve, než se toto stane. Jakmile dosáhneme neporušeného ducha, naše duše a tělo budou patřit duchu a budeme-li bezúhonní, budeme moci přijmout Pána.

Požehnání daná lidem ducha a neporušeného ducha

Co se týče lidí ducha, jejich duši se dobře daří, takže se jim ve všem dobře daří a jsou zdraví (3 Janův 1:2). Zavrhli dokonce zlo hluboko ve svém srdci, takže jsou svatými Božími dětmi v pravém slova smyslu. A tak se mohou těšit z duchovní autority jako děti světla.

Za prvé, jsou zdraví a nedostanou žádnou nemoc. Jakmile jednou vejdeme v ducha, Bůh nás ochrání od nemocí a nehod a my si můžeme užívat zdravého života. Třebaže zestárneme, nebudeme staří ani slabí a nebudeme mít již více vrásek. Kromě toho, jakmile vejdeme v neporušeného ducha, i vrásky se nám vyhladí. Takoví lidé dokonce omládnou a obnoví svou sílu.

Když Abraham obstál ve zkoušce spočívající v obětování Izáka, vešel v neporušeného ducha; zplodil děti i potom, co dosáhl věku 140 let. To znamená, že byl omlazen. Také Mojžíš byl pokornější a mírnější než kdokoliv jiný na zemi a tak aktivně fungoval po 40 let od doby, kdy ho Bůh povolal ve věku 80 let. I když měl 120 let, *„zrak mu nepohasl a svěžest ho neopustila"* (Deuteronomium 34:7).

Za druhé, lidé ducha nemají v srdci žádné zlo, a tak na ně nepřítel ďábel a satan nemůže seslat žádné zkoušky. 1 Janův 5:18 říká: *„Víme, že nikdo, kdo se narodil z Boha, nehřeší, ale Syn Boží jej chrání a Zlý se ho ani nedotkne."* Nepřítel ďábel a satan obviňuje lidi těla a sesílá na ně zkoušky.

Jób byl zpočátku ve stavu, kdy nezavrhl ze své povahy všechno zlo, takže když ho satan před Bohem obvinil, Bůh dopustil, aby na něho přišly zkoušky. Jób si své zlo uvědomil a činil pokání, zatímco procházel těmito zkouškami, které způsobil satan svým nařčením. Avšak potom, co ze své povahy zavrhl i zlo a vešel v ducha, satan již déle nemohl Jóba obviňovat. A tak mu Bůh dvojnásobně požehnal oproti tomu, co dříve míval.

Za třetí, lidé ducha jasně slyší hlas Ducha svatého a jsou vedeni Duchem svatým, a tak je to vede na cestu prosperity ve všech věcech. Co se týče lidí ducha, jejich srdce samotné se proměnilo v pravdu, a tak skutečně žijí Boží slovo. Cokoliv udělají, je v souladu s pravdou. Dostává se jim jasného nabádání od Ducha svatého, které poslouchají. Rovněž, když se modlí, aby se něco přihodilo, vytrvávají s neměnnou vírou, dokud nejsou jejich modlitby vyslyšeny.

Pokud budeme stále poslouchat tímto způsobem, Bůh nás povede a dá nám moudrost a pochopení. Jestliže všechno necháme zcela v Božích rukou, Bůh nás ochrání, třebaže jdeme mylnou cestou, která není v souladu s Boží vůlí; třebaže je pro nás nachystána jáma, Bůh nás přiměje ji obejít nebo bude působit pro dobro všeho.

Za čtvrté, lidé ducha rychle dostávají všechno, oč požádají; mohou dokonce obdržet Boží odpověď pouze, když se něčím zaobírají v srdci. 1 Janův 3:21-22 říká: *„Moji milí, jestliže nás srdce neobviňuje, máme svobodný přístup k Bohu; oč bychom ho žádali, dostáváme od něho, protože zachováváme jeho přikázání a činíme, co se mu líbí.“* Takové požehnání na ně dopadne.

Dokonce i ti, kteří nemají žádné mimořádné dovednosti nebo vědění, mohou v hojnosti obdržet nejenom duchovní požehnání, ale také materiální požehnání, pokud vejdou v ducha, protože

Bůh pro ně všechno připraví a povede je.

Když zaséváme a žádáme o něco s vírou, dostane se nám požehnání natlačené, natřesené, vrchovaté (Lukáš 6:38), ale jakmile vejdeme v ducha, budeme sklízet 30 krát více, a potom, co vejdeme v neporušeného ducha, budeme sklízet 60 krát nebo 100 krát více. Tito lidé ducha a neporušeného ducha mohou obdržet cokoliv jen, když se tím zaobírají v srdci.

Požehnání daná lidem neporušeného ducha nelze dostatečně popsat. Hledají blaho v Bohu, a tak v nich má Bůh zalíbení, jak je psáno v Žalmu 37:4: *„Hledej blaho v Hospodinu, dá ti vše, oč požádá tvé srdce,"* Bůh jim ze své strany dává vše, co potřebují, ať jsou to peníze, sláva, postavení nebo zdraví.

Takoví lidé nepociťují žádný nedostatek na osobní úrovni a nemají, za co by se modlili na osobní úrovni. A tak se vždy modlí za Boží království a spravedlnost a za duše, které neznají Boha. Jejich modlitby jsou překrásné a vylévají před Boha intenzivní vůni, protože jsou dobré, oproštěné od jakéhokoli zla a jsou především za druhé duše. A tak v nich má Bůh převeliké zalíbení.

Když ti, kteří vešli v neporušeného ducha, milují duše a hromadí horlivé modlitby, mohou rovněž předvádět úžasnou moc, jak je psáno ve Skutcích 1:8: *„Ale dostanete sílu Ducha svatého, který na vás sestoupí, a budete mi svědky v Jeruzalémě a v celém Judsku, Samařsku a až na sám konec země."* Jak již bylo vysvětleno, lidé ducha a neporušeného ducha milují Boha do nejvyšší míry, líbí se Bohu a získávají všechna požehnání zaslíbená v Bibli.

Kapitola 2

Původní Boží plán

Bůh nechtěl, aby žil Adam navěky,
aniž by věděl o pravém štěstí, radosti, vděku a lásce.
Z tohoto důvodu umístil do zahrady Eden strom poznání dobrého a zlého,
aby Adam nakonec mohl zakusit všechny tělesné věci.

- Proč Bůh nestvořil člověka jako ducha?

- Důležitost svobodné vůle a uchování v mysli

- Účel stvoření lidských bytostí

- Bůh chce od svých skutečných dětí obdržet slávu

Tříbení člověka je proces, ve kterém se lidé těla mění zpátky na lidi ducha. Pokud tomuto faktu neporozumíme a jen tak chodíme do církve, nemá to žádný význam. Existuje mnoho lidí, kteří chodí do církve, ale znovu se nenarodili z Ducha svatého, a proto nemají žádnou jistotu spasení. Cílem života v křesťanské víře není pouze získat spasení, ale také obnovit Boží obraz, sdílet naši lásku s Bohem a vzdávat mu navěky slávu jako jeho skutečné Boží děti.

Co je tedy původním Božím záměrem spočívajícím ve stvoření Adama jako duchovně živého tvora a řízení tříbení člověka na této zemi? Genesis 2:7-8 říká: *„I vytvořil Hospodin Bůh člověka, prach ze země, a vdechl mu v chřípí dech života. Tak se stal člověk živým tvorem. A Hospodin Bůh vysadil zahradu v Edenu na východě a postavil tam člověka, kterého vytvořil.“*

Bůh stvořil nebesa a zemi téměř jediným slovem. Ale v případě člověka ho vymodeloval svýma vlastníma rukama. Rovněž nebeské zástupy a andělé v nebi byli všichni stvořeni jako duchové. Nicméně třebaže bylo záměrem, že člověk bude nakonec žít v nebi, nebyl to případ podobný nebeským zástupům a andělům. Co je tedy důvodem, proč se Bůh chopil tak komplikovaného procesu stvoření člověka z prachu země? Proč ho na prvním místě neučinil jako ducha? Spočívá v tom zvláštní Boží plán.

Proč Bůh nestvořil člověka jako ducha?

Kdyby Bůh stvořil člověka ne z prachu země, ale jako ducha, lidé by nemohli zakusit nic tělesného. Kdyby byli stvořeni pouze jako duch, poslouchali by Boží slovo a nikdy by nepojedli ze stromu poznání dobrého a zlého. Vlastnosti půdy se mohou měnit podle toho, co do půdy přidáváte. Důvodem, proč se mohl Adam zkazit navzdory skutečnosti, že se nacházel v duchovním prostoru, je to, že byl stvořen z prachu země. To však neznamená, že se zkazil hned na počátku.

Zahrada Eden je duchovní prostor, který je naplněn energií od Boha, a tak bylo pro satana nemožné zasadit do Adamova srdce jakékoliv tělesné atributy. Protože však dal Bůh Adamovi svobodnou vůli, mohl přijímat tělesné věci, pokud po nich zatoužil a byl ochoten tak učinit. Ačkoliv byl Adam duchovně živým tvorem, tak do něj mohlo vstoupit tělesné, pokud tělesné vědomě přijal. Potom, co uplynula dlouhá doba, otevřel své srdce vůči pokušení satana a tělesné přijal.

Ve skutečnosti bylo důvodem, proč dal Bůh lidem svobodnou

vůli, na prvním místě tříbení člověka. Kdyby Bůh nedal Adamovi svobodnou vůli, Adam by nepřijal vůbec nic tělesného. To rovněž znamená, že by tříbení člověka nikdy neproběhlo. V Boží prozíravosti pro lidstvo muselo tříbení člověka proběhnout a ve své vševědoucnosti Bůh nestvořil Adama jako duchovní bytost.

Důležitost svobodné vůle a uchování v mysli

Genesis 2:17 popisuje: *„Ze stromu poznání dobrého a zlého však nejez. V den, kdy bys z něho pojedl, propadneš smrti."* Jak již bylo vysvětleno, byla ve stvoření Adama z prachu země a v tom, že mu byla poskytnuta svobodné vůle, ukryta hluboká Boží prozíravost. Bylo to kvůli tříbení člověka. Lidé se mohou proměnit ve skutečné Boží děti až poté, co projdou procesem tříbení člověka.

Jedním z důvodů, proč vešel do Adama hřích, bylo to, že měl svobodnou vůli, ale dalším důvodem je to, že neuchoval v mysli Boží slovo. Uchovat Boží slovo v mysli znamená vštípit si ho do srdce a uskutečňovat ho beze změny.

Někteří lidé neustále dělají stejnou chybu, zatímco jiní neudělají stejnou chybu dvakrát. Vychází to z rozdílnosti mezi tím uchovat něco v mysli a neuchovat to. Hřích vešel k Adamovi, protože nepřikládal důležitost tomu uchovat Boží slovo ve své mysli. Na druhou stranu můžeme obnovit stav ducha tím, že uchováváme Boží slovo ve své mysli a posloucháme ho. To je důvod, proč je důležité uchovávat Boží slovo ve své mysli.

Co se týče těch lidí, jejichž duch zemřel kvůli původnímu hříchu, tak pokud přijali Ježíše Krista a obdrželi Ducha svatého, jejich mrtvý duch bude oživen. Od této chvíle dále, protože uchovávají Boží slovo ve své mysli a uskutečňují ho ve svých životech, dávají život duchu skrze Ducha. Budou moci rychle dosáhnout duchovního růstu. Proto uchovávat Boží slovo a neměnně ho uskutečňovat hraje velmi důležitou roli v obnovování ducha.

Účel stvoření lidských bytostí

V nebi existuje mnoho duchovních bytostí jako andělé, kteří po celou dobu poslouchají Boha. S výjimkou několika velmi zvláštních případů však v sobě nemají lidskost. Nemají svobodnou vůli, díky které by si zvolili sdílet svou lásku. To je důvod, proč Bůh stvořil prvního člověka Adama jako tvora, se kterým by mohl sdílet svou opravdovou lásku.

Jen si na chvíli představte Boha, jak je šťastný, když tvoří prvního člověka Adama. Když modeloval Adamovi ústa, chtěl, aby jimi Boha chválil; když mu tvořil uši, chtěl, aby naslouchal Božímu hlasu a poslouchal ho; když tvořil jeho oči, chtěl, aby viděl a vnímal krásu všech věcí, které Bůh stvořil a vzdával Bohu slávu.

Účelem toho, proč Bůh stvořil lidské bytosti, je to, aby jejich prostřednictvím získával chválu a slávu a sdílel s nimi svou lásku. Chtěl děti, se kterými by mohl sdílet krásu všech věcí ve vesmíru a v nebi. Chtěl si s nimi na věky užívat štěstí.

V knize Zjevení vidíme tyto Boží děti, které jsou spaseny, chválit a uctívat Boha navěky před Božím trůnem. Až se děti dostanou do nebe, bude to tak krásný a radostný pocit, že nebudou moci jinak, než vzdávat Bohu chválu a uctívat ho z hloubi svého srdce kvůli prosté skutečnosti, že Boží prozíravost je tak hluboká a tajemná.

Lidé byli stvořeni jako duchovně živí tvorové, ale stali se lidmi těla. Pokud se však znovu stanou lidmi ducha potom, co zakusí všechny podoby radosti, hněvu, lásky a žalu, mohou se stát skutečnými Božími dětmi, které Bohu vzdávají lásku, díky a slávu z hloubi svého srdce.

Když žil Adam v zahradě Eden, nemohl být pokládán za skutečné Boží dítě. Bůh ho učil pouze dobrotě a pravdě, a tak nevěděl, co jsou hříchy a zlo. Neměl ani potuchy, co je to neštěstí a bolest. Zahrada Eden je duchovním prostorem a není zde ani zániku ani smrti.

Z tohoto důvodu Adam neznal význam smrti. Ačkoliv žil v tak velké hojnosti a blahobytu, nemohl vnímat opravdové štěstí, radost nebo vděčnost. Protože nikdy nezakusil žádný žal ani neštěstí, nemohl ani poměrně vnímat skutečnou radost nebo štěstí. Nevěděl, co je to nenávist a neznal skutečnou lásku. Bůh nechtěl, aby žil Adam navěky, aniž by věděl o pravém štěstí, radosti, vděčnosti a lásce. To je důvod, proč do zahrady Eden umístil strom poznání dobrého a zlého, a tak mohl Adam nakonec zakusit tělo.

Když se ti, kdo zakusili tělesný svět, znovu stanou Božími

dětmi, potom nesporněji rozumějí, jak dobrý je duch a jak vzácná je pravda. Nyní mohou vzdát skutečné díky Bohu za to, že jim dal dar věčného života. Jakmile jednou porozumíme tomuto Božímu srdci, nebudeme zpochybňovat Boží záměr umístění stromu poznání dobrého a zlého do zahrady Eden a to, že kvůli němu musí lidé trpět. Spíše však bychom měli poděkovat a vzdát slávu Bohu za to, že dal svého jediného jednorozeného Syna Ježíše, aby spasil lidstvo.

Bůh chce od svých skutečných dětí obdržet slávu

Bůh tříbí lidstvo nejenom, aby získal skutečné děti, ale také aby jejich prostřednictvím získával slávu. Izajáš 43:7 říká: *„Každého, kdo se nazývá mým jménem a koho jsem stvořil ke své slávě, koho jsem vytvořil a učinil.“* Také 1 Korintským 10:31 říká: *„Ať tedy jíte či pijete či cokoli jiného děláte, všecko čiňte k slávě Boží.“*

Bůh je Bohem lásky a spravedlnosti. Nejenom, že pro nás připravil nebe a věčný život, ale dal svého jediného jednorozeného Syna, aby nás spasil. Jen pro tento samotný fakt je Bůh hoden slávy. Co Bůh skutečně chtěl, nebylo pouze získávat slávu. Konečným důvodem, proč chce Bůh získávat slávu, je to, aby vracel slávu lidem, kteří ho oslavili. Jan 13:32 říká: *„...Bůh jej také oslaví v sobě a oslaví jej hned.“*

Když Bůh skrze nás obdrží slávu, dá nám přehojné požehnání na této zemi a dá nám také věčnou slávu v nebeském království. V 1 Korintským 15:41 čteme: *„Jiná je záře slunce a jiná měsíce,* *a ještě jiná je záře hvězd, neboť hvězda od hvězdy se liší září."*

Toto nám vypovídá o rozdílech v příbytcích a slávě, kterým se bude každý z nás, kdo jsme spaseni, těšit v nebeském království. Přidělení nebeských příbytků a slávy bude rozhodnuto podle toho, jak moc jsme zavrhli hříchy, abychom dosáhli čistého a svatého srdce a jak věrně sloužíme Božímu království. Jakmile jsou přiděleny, nemohou být změněny.

Bůh stvořil člověka, aby získal skutečné děti, které patří duchu. Původní Boží plán je, aby si lidé ze své svobodné vůle zvolili zavrhnout tělo a duši, které patří nepravdě a změnili se v lidi ducha a neporušeného ducha. Tento původní Boží záměr stvoření a tříbení lidských bytostí bude naplněn skrze ty lidi, kteří se stanou lidmi ducha a neporušeného ducha.

Kolik lidí myslíte, že dnes žije životy, které jsou hodny záměru Božího stvoření lidských bytostí? Pokud opravdu rozumíme Božímu záměru stvoření lidských bytostí, s určitostí obnovíme Boží obraz, který se kvůli Adamovu hříchu ztratil. Budeme se dívat, poslouchat a mluvit pouze v rámci pravdy a všechny naše myšlenky a skutky budou svaté a dokonalé. To je způsob, jak se stát skutečnými Božími dětmi, které dělají větší radost, než byla radost, kterou měl Bůh potom, co stvořil prvního člověka Adama. Takové Boží děti se budou těšit slávě v nebi, která se nedá srovnat dokonce ani se slávou, které se těšil duchovně živý tvor Adam v zahradě Eden!

Kapitola 3

Opravdová lidská bytost

Bůh stvořil člověka podle svého vlastního obrazu.
Boží nejvřelejší vůlí je, abychom obnovili ztracený
Boží obraz a účastnili se božské přirozenosti samotného Boha.

- Veškerá povinnost člověka
- Bůh chodil s Henochem
- Boží přítel Abraham
- Mojžíš miloval svůj vlastní lid více než svůj vlastní život
- Apoštol Pavel se jevil jako Bůh
- Nazval je bohy

Uskutečňujeme-li Boží slovo, můžeme obnovit srdce ducha, které je naplněno poznáním pravdy, jaké měl Adam, když byl duchovně živým tvorem předtím, než zhřešil. Veškerá povinnost člověka je obnovit Boží obraz, který byl ztracen kvůli Adamovu hříchu a účastnit se božské přirozenosti. V Bibli můžeme vidět, že ti, kdo obdrželi Boží slovo a předali ho, kdo mluvili o tajemných Božích věcech a kdo projevovali Boží moc, aby ukázali na živého Boha, byli pokládáni za tak vznešené, že se před nimi skláněli i králové. To proto, že byli skutečnými dětmi Boha, který je Nejvyšším (Žalm 82:6).

Babylónský král Nebúkadnesar měl jednoho dne sen a měl veliké starosti. Svolal si čaroděje a Kaldejce, aby mu pověděli sen a jeho výklad, aniž by jim svůj sen pověděl. Z lidských sil to nebylo možné, pouze s pomocí Boha, který nepřebývá v lidském těle.

Tehdy Daniel, který byl Božím mužem, požádal krále, aby mu dal čas, že mu ten výklad sdělí. Bůh zjevil Danielovi tajemné věci během noci ve vidění. Daniel předstoupil před krále a pověděl mu sen a sdělil výklad. Potom král Nebúkadnesar padl tváří k zemi a vzdal Danielovi poctu. Dále rozkázal, aby mu byla obětována oběť přídavná s vonnými dary a také vzdal Bohu slávu.

Veškerá povinnost člověka

Král Šalomoun se těšil z větší nádhery a blahobytu než kdokoliv jiný. Na základě sjednoceného království, které založil jeho otec David, moc jeho země sílila a mnoho sousedních zemí mu projevovalo úctu. Království bylo během jeho vlády na vrcholu svého lesku (1 Královská 10).

Ale jak šel čas, zapomínal na Boží milost. Myslel si, že všechno je zásluhou jeho moci samotné. Zanedbával Boží slovo a porušoval Boží nařízení, které zakazovalo brát si za manželky pohanské ženy. Jak se blížil ke konci svých dnů, měl mnoho pohanských konkubín. Navíc zakládal posvátná návrší, jak pohanské ženy vyžadovaly a sám také uctíval modly.

Bůh ho dvakrát varoval, aby nenásledoval žádné cizí bohy, ale Šolomoun neposlechl. Nakonec na něj dopadl v příští generaci Boží hněv a Izrael byl rozdělen na dvě království. Mohl si vzít, čeho se mu zachtělo, ale na konci svých posledních dnů vyznal: *„Pomíjivost, samá pomíjivost, všechno pomíjí“* (Kazatel 1:2).

Uvědomil si, že všechny věci na tomto světě jsou bezvýznamné a usoudil: *„Závěr všeho, co jsi slyšel: Boha se boj a jeho přikázání zachovávej; na tom u člověka všechno závisí“* (Kazatel 12:13). Řekl, že veškerou povinností člověka je bát se Boha a zachovávat jeho přikázání.

Co to znamená? Bát se Boha znamená nenávidět zlo (Přísloví

8:13). Ti, kdo milují Boha, zavrhnou zlo a zachovávají jeho přikázání. Tímto způsobem naplňují veškerou povinnost člověka. Může být o nás řečeno, že jsme neporušené bytosti, když zcela tříbíme srdce Pána, abychom obnovili Boží obraz. Ponořme se tedy nyní do příkladů některých patriarchů a mužů opravdové víry, kteří se zalíbili Bohu.

Bůh chodil s Henochem

Bůh chodil s Henochem po tři sta let a vzal si ho živého. Mzdou hříchu je smrt a skutečnost, že Henoch byl vzat do nebe, aniž by viděl svou smrt, je důkazem toho, že Bůh ho uznal bezhříšným. Tříbil čisté a bezúhonné srdce, které se podobalo Božímu srdci. To je důvod, proč ho satan nemohl z ničeho obvinit, když si ho Bůh vzal živého.

Genesis 5:21-24 to zaznamenává následovně: „*Ve věku šedesáti pěti let zplodil Henoch Metúšelacha. A chodil Henoch s Bohem po zplození Metúšelacha tři sta let a zplodil syny a dcery. Všech dnů Henochových bylo tři sta šedesát pět let. I chodil Henoch s Bohem. A nebylo ho, neboť ho Bůh vzal.*“

‚Chodit s Bohem‘ znamená, že Bůh je s danou osobou neustále. Henoch žil podle Boží vůle tři sta let. Bůh byl s ním, ať šel kamkoliv.

Bůh je světlo, dobrota a láska samotná. Abychom mohli chodit s takovým Bohem, nesmíme mít ve svém srdci žádnou temnotu a musíme být naplněni dobrotou a láskou. Henoch žil v hříšném světě, ale zachoval se čistý. Také předal světu Boží poselství. Judův list 1:14 říká: *„Prorokoval také o nich Henoch, sedmý od Adama: ‚Hle, přichází Pán s desetitisíci svých svatých.'"* Jak je psáno, dal lidem vědět o druhém příchodu Pána a o soudu.

Bible neříká nic o velikých Henochových úspěších nebo o tom, že by udělal pro Boha něco mimořádného. Bůh ho však tak velmi miloval, protože se bál Boha, žil svatý život a vyhýbal se veškerému zlu. Proto si ho Bůh vzal v ‚mladém věku'. Lidé se v té době dožívali více než 900 let a on měl 365 let, když byl vzat. Byl mladým, silným mužem.

V Židům 11:5 čteme: *„Henoch věřil, a proto nespatřil smrt, ale Bůh ho vzal k sobě. ‚Nebyl nalezen, protože ho Bůh přijal.' Ještě než ho přijal, dostalo se Henochovi svědectví, že v něm Bůh našel zalíbení."*

I dnes Bůh chce, abychom žili svaté a zbožné životy a měli čisté a krásné srdce, které by nebylo pošpiněné světem, takže by s námi mohl neustále chodit.

Boží přítel Abraham

Bůh chtěl, aby se lidstvo dozvědělo, jaké má být skutečné Boží dítě, prostřednictvím Abrahama, ‚otce víry'. Abraham byl nazýván ‚zdrojem požehnání' a ‚přítelem Božím'. Přítel je člověk, kterému můžete důvěřovat a sdílet s ním svá tajemství. Samozřejmě, že zde proběhly chvíle tříbení, dokud Abraham zcela nedůvěřoval Bohu. Jak tedy Abraham přišel k tomu, že byl uznáván jako přítel Boží?

Abraham pouze poslouchal se slovy ‚Ano' a ‚Amen'. Když ho Bůh poprvé povolal k tomu, aby opustil své rodné město, jednoduše poslechl, aniž by věděl, kam má jít. Abraham také usiloval o prospěch druhých a o pokoj. Žil se svým synovcem Lotem, a když se museli rozdělit, dal svému synovci právo zvolit si zemi jako první. Jako strýc měl právo první volby, ale on jednoduše ustoupil.

V Genesis 13:9 Abraham řekl: „*Zdalipak není před tebou celá země? Odděl se prosím ode mne. Dáš-li se nalevo, já se dám napravo. Dáš-li se ty napravo, já se dám nalevo.*"

Protože měl Abraham tak překrásné srdce, Bůh mu dal příslib dalšího požehnání. V Genesis 13:15-16 Bůh přislíbil: „*...neboť celou tu zemi, kterou vidíš, dám tobě a tvému potomstvu až navěky. A učiním, že tvého potomstva bude jako prachu země. Bude-li kdo moci sečíst prach země, pak bude i tvé potomstvo sečteno.*"

Jednoho dne spojenecké síly několika králů napadly Sodomu a Gomoru, kde žil Abrahamův synovec Lot a zajaly lid a vzaly válečnou kořist. Abraham vyrazil se svými třemi sty osmnácti trénovanými muži, narozenými v jeho domě, a sledoval útočníky až k Danu. Všechno jmění přinesl zpět a nazpět přivedl také svého příbuzného Lota s jeho jměním, i ženy a lid.

Zde chtěl sodomský král poděkovat Abrahamovi tím, že mu dá válečnou kořist: „*Z ničeho, co je tvé, nevezmu nitku ani řemínek k opánkům, abys neřekl: ‚Já jsem učinil Abrama bohatým'*" (Genesis 14:23). Nebylo nesprávné si něco od krále vzít, ale on nepřijal královu nabídku, aby dokázal, že všechno jeho materiální požehnání pochází pouze od Boha. Usiloval pouze o Boží slávu s velmi čistým srdcem prostým sobeckých tužeb a Bůh mu hojně požehnal.

Když Bůh Abrahamovi nařídil, aby obětoval svého syna Izáka jako zápalnou oběť, ihned poslechl, neboť plně důvěřoval Bohu, který dokáže vrátit i mrtvé k životu. Nakonec ho Bůh ustavil otcem víry slovy: „*Jistotně ti požehnám a tvé potomstvo jistotně rozmnožím jako nebeské hvězdy a jako písek na mořském břehu. Tvé potomstvo obdrží bránu svých nepřátel a ve tvém potomstvu dojdou požehnání všechny pronárody země, protože jsi uposlechl mého hlasu*" (Genesis 22:17-18). Kromě toho mu Bůh přislíbil, že Boží syn, Ježíš, který spasí lidstvo, se zrodí z jeho potomků.

Jan 15:13 říká: „*Nikdo nemá větší lásku než ten, kdo položí život za své přátele.*" Abraham byl ochoten obětovat svého jediného syna Izáka, který mu byl dražší než jeho vlastní život, čímž vyjádřil svou lásku k Bohu. Bůh uvádí tohoto Abrahama jako exemplární příklad tříbení člověka tím, že ho nazývá Božím přítelem za jeho velikou víru a lásku k Bohu.

Bůh je všemohoucí a tak může udělat cokoliv a dát nám cokoliv. On však svým dětem žehná a odpovídá na jejich modlitby do té míry, do jaké se tyto děti změní podle pravdy v procesu tříbení člověka, takže mohou vnímat Boží lásku s díky za jeho požehnání.

Mojžíš miloval svůj vlastní lid více než svůj vlastní život

Když byl Mojžíš egyptským princem, zabil Egypťana, aby pomohl svému vlastnímu lidu a následkem toho musel uprchnout z faraónova paláce. Od té doby žil čtyřicet let v poušti jako pastýř pečující o stádo.

Mojžíš byl v nízkém postavení, kdy dohlížel na stádo v midjánské poušti a musel se vzdát veškeré své pýchy a sebespravedlnosti, kterou míval jako egyptský princ. Bůh se před tímto pokorným Mojžíšem zjevil a uložil mu povinnost vyvést syny Izraele z Egypta. Mojžíš musel riskovat svůj vlastní život, aby to provedl, ale poslechl a předstoupil před faraóna.

Pokud vezmeme v úvahu chování synů Izraele, můžeme vidět, jak široké srdce Mojžíš měl, když dokázal akceptovat a přijmout všechny tyto lidi. Když měl lid těžkosti, reptali proti Mojžíšovi a dokonce se pokusili ho ukamenovat.

Když neměli vodu, stěžovali si, že mají žízeň. Když měli vodu, stěžovali si, že nemají jídlo. Když jim Bůh dal manu z nebe, stěžovali si, že nemají maso. Dokonce řekli, že v Egyptě jedli dobré věci a snižovali manu na mizerné jídlo.

Když od nich nakonec Bůh odvrátil svou tvář, objevili se pouštní hadi a hodně jich uštknuli. Stále však mohli být spaseni, protože Bůh vyslyšel horlivé Mojžíšovy modlitby. Lidé byli svědky toho, že Bůh byl dlouhou dobu s Mojžíšem, ale brzy potom, co jim Mojžíš zmizel z očí, udělali si modlu v podobě zlatého býčka a uctívali ji. Také se nechali podvést pohanskými ženami a dopouštěli se cizoložství, které bylo také duchovním cizoložstvím. Mojžíš se za lid v slzách modlil k Bohu. Nasadil svůj život jako záruku za jejich odpuštění, ačkoliv si nepamatovali milost, které se jim dostalo.

V Exodu 32:31-32 čteme:

Mojžíš se tedy vrátil k Hospodinu a řekl: „Ach, tento lid se dopustil velikého hříchu, udělali si zlatého boha. Můžeš jim ten hřích ještě odpustit? Ne-li, vymaž mě ze své knihy, kterou píšeš!“

Vymazat jeho jméno z knihy zde znamená, že nebude spasen a bude trpět věčným ohněm pekla, což je věčná smrt. Mojžíš si tuto skutečnost velmi dobře uvědomoval, ale chtěl, aby bylo lidu odpuštěno, třebaže obětuje tímto způsobem sám sebe.

Co si myslíte, že Bůh cítil, když viděl tohoto Mojžíše? Mojžíš hluboce rozuměl srdci Boha, který nenávidí hříchy, ale který chce spasit hříšníky, a Bůh v něm našel zalíbení a velmi ho miloval. Bůh vyslyšel tuto Mojžíšovu modlitbu plnou lásky, takže mohli synové Izraele uniknout zkáze.

Představte si na jedné straně diamant. Je bezvadný a má velikost pěsti. Na druhé straně jsou tisíce kamenů podobné velikosti. Který z nich bude vzácnější? Bez ohledu na to, o kolik kamenů jde, nikdo je nevymění za diamant. Stejně tak cena Mojžíše, jediného člověka, který naplnil účel tříbení člověka, byla větší než cena miliónů lidí, kteří účel nenaplnili (Exodus 32:10).

Numeri 12:3 mluví o Mojžíšovi takto: *„Mojžíš však byl nejpokornější ze všech lidí, kteří byli na zemi"* a v Numeri 12:7 se za něj Bůh zaručuje slovy: *„Ne tak je tomu s mým služebníkem Mojžíšem. Má trvalé místo v celém mém domě."*

Bible nám na mnoha místech říká, jak moc Bůh miloval tohoto Mojžíše. Exodus 33:11 říká: *„A Hospodin mluvil s Mojžíšem tváří v tvář, jako když někdo mluví se svým přítelem."* Také v Exodu 33 vidíme, že Mojžíš požádal Boha, aby se ukázal a Bůh mu odpověděl.

Apoštol Pavel se jevil jako Bůh

Apoštol Pavel pracoval pro Pána celým svým životem, a přesto měl zlomené srdce ohledně své minulosti, protože dříve pronásledoval Pána. A tak s vděčností a ochotně přijímal všechny zkoušky se slovy: *„Vždyť já jsem nejmenší z apoštolů a nejsem ani hoden jména apoštol, protože jsem pronásledoval církev Boží"* (1 Korintským 15:9).

Byl vězněn, nesčetněkrát zbit a často v nebezpečí smrti. Od Židů pětkrát obdržel třicet devět ran bičem. Třikrát byl trestán holí, jednou byl kamenován, třikrát ztroskotal s lodí, noc a den strávil jako trosečník na širém moři. Častokrát byl na cestách – v nebezpečí na řekách, v nebezpečí od lupičů, v nebezpečí od vlastního lidu, v nebezpečí od pohanů, v nebezpečí ve městech, v nebezpečí v pustinách, v nebezpečí na moři, v nebezpečí mezi falešnými bratřími; v námaze do úpadu, často v bezesných nocích, o hladu a žízni, v častých postech, v zimě a bez oděvu.

Jeho utrpení bylo tak veliké, že řekl v 1 Korintským 4:9: *„Skoro se mi zdá, že nás apoštoly Bůh určil na poslední místo, jako vydané na smrt; stali jsme se podívanou světu, andělům i lidem.“*

Jaký je tedy důvod pro to, že Bůh dopustil, aby na apoštola Pavla, který byl tak věrný, dopadlo tak veliké pronásledování a těžkosti? Bůh chtěl, aby Pavel vyšel jako člověk s překrásným srdcem, které je průzračné jako křišťál. Pavel neměl ve strašlivých situacích, kdy mohl být kdykoliv zatčen nebo zabit, na koho spoléhat než na Boha. Získal pokoj a radost v Bohu. Zcela zapřel sám sebe a tříbil srdce Pána.

Následující Pavlovo vyznání je velmi dojemné, neboť vyšel skrze zkoušky jako krásný člověk. Nechtěl se vyhýbat žádným těžkostem, ačkoliv to bylo velmi obtížné ustát. Svou lásku k církvi a jejím členům vyznal v 2 Korintským 11:28 slovy: *„A nadto ještě na mne denně doléhá starost o všechny církve.“*

Také v Římanům 9:3 řekl o lidech, kteří ho chtěli zabít: *„Přál bych si sám být proklet a odloučen od Krista Ježíše za své bratry, za lid, z něhož pocházím.“* Slova ‚za své bratry, za lid, z něhož pocházím‘ se zde vztahují na Židy a farizeje, kteří Pavla tak krutě pronásledovali a narušovali jeho poslání.

Skutky 23:12-13 říkají: „*Když nastal den, židé se spolčili a zapřisáhli, že nebudou jíst ani pít, dokud Pavla nezabijí. Bylo jich více než čtyřicet, kdo se takto spikli.*"

Pavel nikdy nezavdal příčinu k tomu, aby vůči němu pociťovali tak negativní pocity. Pavel jim nikdy nelhal ani jim neublížil. Ale protože kázal evangelium a projevoval Boží moc, vytvořili skupinu, která přísahala, že ho zabije.

On se nicméně modlil za to, aby mohli být tito lidé spaseni, třebaže by to znamenalo, že by on sám mohl ztratit své vlastní spasení. To je důvod, proč mu Bůh dal tak velikou moc: tříbil v sobě velikou dobrotu, díky které dokázal obětovat svůj vlastní život za ty, kteří se pokusili mu ublížit. Bůh ho nechal konat mimořádné skutky jako vyhánění zlých duchů a nemocí jen skrze šátky a zástěry, kterých se dotkl.

Nazval je bohy

Jan 10:35 říká: „*Jestliže Bůh ty, jichž se týká toto slovo, nazval bohy – a Písmo musí platit.*" Zatímco přijímáme Boží slovo a uskutečňujeme ho, stáváme se lidmi pravdy, tudíž lidmi ducha. To je způsob, jak se podobat Bohu, který je duchem: stát se člověkem ducha a navíc člověkem neporušeného ducha. A do stejné míry můžeme vyjít jako bytosti, které se podobají Bohu.

Exodus 7:1 říká: „*Hospodin řekl Mojžíšovi: ‚Pohleď, ustanovil jsem tě, abys byl pro faraóna Bohem, a Áron, tvůj bratr, bude tvým prorokem.*'" Rovněž Exodus 4:16 říká: „*On bude mluvit k lidu za tebe, on bude tobě ústy a ty budeš jemu Bohem.*" Jak je napsáno, Bůh propůjčil Mojžíšovi tak velikou moc, že se Mojžíš jevil před lidmi jako Bůh.

Ve Skutcích 14 apoštol Pavel ve jménu Ježíše Krista uzdravil muže, který nikdy ve svém životě nechodil a on vyskočil a začal chodit. Když se postavil a vyskočil, lidé byli tak ohromeni, že řekli: „*To k nám sestoupili bohové v lidské podobě!*" (Skutky 14:11). Podobně jako v tomto případě, mohou se ti, kdo chodí s Bohem, jevit jako Bůh, protože jsou lidmi ducha, ačkoliv mají fyzická těla.

To je důvod, proč je ve 2 Petrově 1:4 popsáno: „*Tím nám daroval vzácná a převeliká zaslíbení, abyste se tak stali účastnými božské přirozenosti a unikli zhoubě, do níž svět žene jeho zvrácená touha.*"

Uvědomme si, že je nejvřelejší Boží touhou, aby se lidé účastnili božské přirozenosti, a tak bychom měli zavrhnout pomíjivé tělo, ve kterém má zalíbení pouze moc temnoty, dát život duchu skrze Ducha a skutečně se účastnit božské přirozenosti našeho Boha.

Jakmile jednou dosáhneme úrovně neporušeného ducha, znamená to, že jsme ducha zcela obnovili. Zcela obnovit ducha znamená, že jsme obnovili Boží obraz, který se ztratil kvůli Adamovu hříchu, a tak to znamená, že se účastníme božské přirozenosti.

Jakmile dosáhneme této úrovně, můžeme obdržet moc, která náleží Bohu. Boží moc je dar, který je dán těm dětem, které se podobají Bohu (Žalm 62:12). Důkaz získání Boží moci jsou divy a znamení, neobvykle mocné činy a úžasné věci, které se všechny projevují působením Ducha svatého.

Pokud získáme takovou moc, můžeme přivést nesčetné duše na stezku života a spasení. Petr vykonal mnoho úžasných skutků skrze moc Ducha svatého.

Jediným jeho kázáním bylo spaseno více než pět tisíc lidí. Boží moc je důkazem toho, že živý Bůh je s konkrétním člověkem. Je to rovněž jistá cesta, jak zasadit víru do lidí.

Lidé neuvěří, dokud neuvidí znamení a zázraky (Jan 4:48). Proto Bůh projevuje svou moc prostřednictvím lidí neporušeného ducha, kteří zcela obnovili ducha, takže mohou lidé uvěřit v živého Boha, Spasitele Ježíše Krista, existenci nebe a pekla a pravdivost Bible.

Kapitola 4

Duchovní svět

Bible nám často vypráví o duchovním světě a o tom, jaké s ním mají lidé zkušenosti. Je to právě duchovní svět, kam půjdeme po tomto životě na této zemi.

- Apoštol Pavel znal tajemství duchovního světa

- Neomezený duchovní svět popsaný v Bibli

- Nebe a peklo skutečně existují

- Život po smrti pro duše, které nejsou spasené

- Jako se slunce a měsíc liší svou září

- Nebe nelze srovnávat se zahradou Eden

- Nový Jeruzalém, nejlepší dar pro skutečné děti

Když lidé, kteří obnovili ztracený Boží obraz, skončí svůj pozemský život, navracejí se zpět do duchovního světa. Na rozdíl od našeho fyzického světa, je duchovní svět neomezeným místem. Nedokážeme změřit jeho výšku, hloubku ani šířku.

Tak rozlehlý duchovní svět můžeme rozdělit na prostor světla, který patří Bohu a prostor temnoty, který je určen zlým duchům. V prostoru světla je připraveno nebeské království pro Boží děti, které jsou spaseny vírou. Židům 11:1 říká: „*Věřit Bohu znamená spolehnout se na to, v co doufáme, a být si jist tím, co nevidíme.*" Jak je řečeno, duchovní svět je svět, který nevidíme. Ale podobně jako nemůžeme hmatatelně dokázat realitu větru ve fyzickém světě, přestože existuje, spolehnout se ve víře na něco, v co skutečně nemůžeme v tomto fyzickém světě doufat, projevené důkazy této existence, které se objevují, tuto existenci potvrzují.

Víra je vstupní bránou, která nás spojuje s duchovním světem. Je to pro nás, kteří žijeme v tomto fyzickém světě, cesta k tomu, abychom se setkali s Bohem, který je v duchovním světě. Vírou můžeme komunikovat s Bohem, který je duchem. S otevřeným duchovním sluchem můžeme slyšet Boží slovo a rozumět mu a s otevřeným duchovním zrakem také můžeme vidět duchovní svět, který nelze vidět fyzickým zrakem.

S tím jak roste naše víra, budeme mít mnohem větší naději v nebeské království a budeme do větší hloubky rozumět Božímu srdci. Jakmile si uvědomíme a pocítíme jeho lásku, nemůžeme ho nemilovat. Navíc, až dosáhneme dokonalé víry, budou se dít věci duchovního světa, které jsou absolutně nemožné na tomto fyzickém světě, protože Bůh bude s námi.

Apoštol Pavel znal tajemství duchovního světa

Ve 2 Korintským 12:1 a dále Pavel vysvětluje svou zkušenost s duchovním světem slovy: *„Musím se pochlubit, i když to není k užitku; přicházím teď k viděním a zjevením Páně.“* Bylo to o jeho zkušenosti, kdy prožil, že byl v ráji nebeského království ve třetím nebi.

Ve 2 Korintským 12:6 říká: *„I kdybych se chtěl chlubit, nebyl bych pošetilý, vždyť bych mluvil pravdu. Nechám toho však, aby si někdo o mně nemyslil víc, než co na mně vidí nebo ode mne slyší.“* Apoštol Pavel měl mnoho duchovních zkušeností a obdržel Boží zjevení, ale nemohl mluvit o všem, co věděl o duchovním světě.

V Janovi 3:12 Ježíš řekl: *„Jestliže nevěříte, když jsem vám mluvil o pozemských věcech, jak uvěříte, budu-li mluvit o nebeských?“* I potom, co viděli tak mnoho mocných skutků na vlastní oči, nedokázali Ježíšovi učedníci zcela uvěřit v Ježíše. Získali opravdovou víru až poté, co se stali svědky vzkříšení Pána.

Poté zasvětili své životy Božímu království a šíření evangelia. Stejně tak velmi dobře věděl o duchovním světě Pavel a zcela naplnil svou povinnost celým svým životem.

Neexistuje i pro nás cesta vnímat a rozumět záhadnému duchovnímu světu podobně jako mu rozuměl Pavel? Samozřejmě, že ano. Nejdříve ze všeho bychom měli po duchovním světě toužit. Horlivou touhu po duchovním světě dokazuje to, že uznáváme a milujeme Boha, který je duchem.

Neomezený duchovní svět popsaný v Bibli

V Bibli můžeme najít mnoho záznamů o duchovním světě a o duchovních zkušenostech. Adam byl stvořen jako živý tvor, tedy duchovně živý tvor a mohl komunikovat s Bohem. I po něm následovalo mnoho proroků, kteří komunikovali s Bohem a občas slyšeli přímo Boží hlas (Genesis 5:22, 9:9-13; Exodus 20:1-17; Numeri 12:8). Občas se lidem zjevili andělé, aby jim předali poselství od Boha. Existují také záznamy o čtyřech živých bytostech (Ezechiel 1:4-14), cherubech (2 Samuelova 6:2; Ezechiel 10:1-6), ohnivém vozu s ohnivými koňmi (2 Královská 2:11, 6:17), které patří duchovnímu světu.

Rudé moře bylo rozděleno na dvě části. Prostřednictvím Božího muže, Mojžíše, vyšla voda ze skály. Skrze modlitbu Jozueho slunce zmlklo a měsíc stál. Elijáš se modlil k Bohu a z nebe se snesl oheň. Potom, co dokončil všechny povinnosti na této zemi, byl Elijáš chycen vichrem a vzat do nebe. Existují příklady okamžiků, kdy byl duchovní svět sevřen v tomto fyzickém světě.

Kromě toho se v 6. kapitole 2 Královské, když aramejská armáda přišla zajmout Elíšu, otevřel duchovní zrak Elíšovu služebníkovi Géchazímu a on uviděl horu plnou koní a ohnivých vozů okolo Elíši. Daniel byl vhozen do jámy lvové podle plánu svých spolurádců, ale nic se mu nestalo, protože Bůh poslal svého anděla, aby lvům zavřel tlamy. Danielovi tři přátelé neposlechli krále, aby si udrželi svou víru a byli vhozeni do ohnivé pece, která byla sedmkrát rozpálenější než obvykle. Nebyl jim však sežehnut jediný vlas na hlavě.

Boží syn Ježíš na sebe vzal také lidské tělo, když sestoupil na tuto zemi, ale předváděl věci neomezeného duchovního světa, aniž by byl svázán omezeními fyzického prostoru. Oživil mrtvého, uzdravil nejrůznější nemoci a chodil po vodě. Navíc, po svém vzkříšení se najednou zjevil svým dvěma učedníkům, kteří byli na cestě do Emaus (Lukáš 24:13-16) a prošel zdmi domu a zjevil se v domě uprostřed učedníků, kteří se obávali Židů a v domě se zamkli (Jan 20:19).

Toto je ve skutečnosti teleportace, přesahující fyzický prostor. Vypovídá nám o tom, že duchovní svět přesahuje hranice času a prostoru. Existuje duchovní prostor jiný než fyzický prostor, který je viditelný našima očima a Bůh pohnul tímto duchovním prostorem dopředu, aby se objevil na místě a v čase, které si zvolil.

Ty Boží děti, které mají nebeské občanství, musí toužit po duchovních věcech. Bůh nechává lidi, kteří mají tuto touhu, zakusit duchovní svět, jak řekl v Jeremjáši 29:13: „*Budete mě hledat a naleznete mě, když se mne budete dotazovat celým svým srdcem.*“

Kromě toho, že máme takové touhy, můžeme vejít v ducha a Bůh může otevřít náš duchovní zrak, když zavrhneme svou sebespravedlnost, vlastní vytvořená pojetí a sebestředné stereotypy.

Apoštol Jan byl jedním z dvanácti Ježíšových učedníků (Zjevení 1:1, 9). Léta Páně 95 byl zatčen Domiciánem, římským císařem, a vhozen do kotle s vařícím olejem. Nezemřel však, ale byl vyhnán na ostrov Patmos v Egejském moři. Tady napsal knihu Zjevení.

Aby Jan obdržel hluboká zjevení, musel k tomu mít předpoklady. Předpoklady jsou, že musel být svatý, aniž by v sobě měl jakoukoliv formu zla a musel mít srdce Pána. Mohl přinést hluboká tajemství a zjevení nebe ve vytržení Ducha svatého prostřednictvím horlivých modliteb, které Bohu přednesl se zcela čistým a svatým srdcem.

Nebe a peklo skutečně existují

V duchovním světě jsou nebe a peklo. Brzy potom, co jsem založil církev Manmin church, mi Bůh při modlitbě zjevil nebe a peklo. Nádhera a štěstí, které jsem vnímal z nebe, se nedají vyjádřit ani popsat slovy.

V novozákonní době získávají ti, kdo přijali Ježíše Krista jako svého osobního Spasitele, odpuštění hříchů a spasení. Potom, co skončí jejich pozemský život, půjdou nejprve do horního podsvětí. Zde zůstávají po dobu tří dnů, aby se adaptovali na duchovní svět, a potom se přemísťují do čekárny v ráji nebeského království. Otec víry Abraham měl na zodpovědnost horní podsvětí až do nanebevstoupení Pána, a to je důvod, proč nalézáme v Bibli záznam o tom, že chudák Lazar byl ‚u Abrahama'.

Potom, co vydechl naposledy na kříži, kázal Ježíš evangelium duším v horním podsvětí (1 Petrův 3:19). Poté, co Ježíš kázal evangelium v horním podsvětí, byl vzkříšen a odnesl odtamtud všechny duše do ráje. Od té doby tyto duše, které jsou spaseny, pobývají v čekárně nebe umístěné na předměstí ráje. Až skončí veliký soud u bílého trůnu, odejdou do svých nebeských příbytků podle své míry víry a budou tam navěky žít.

U velikého soudu u bílého trůnu, který se bude konat potom, co skončí tříbení člověka, Bůh posoudí každý skutek každého člověka narozeného od stvoření, zda je dobrý nebo špatný. Nazývá se velikým soudem u bílého trůnu, protože soudný Boží trůn bude tak jasný a oslňující, že bude vypadat bělostně (Zjevení 20:11).

Tento veliký soud se bude konat po druhém příchodu Pána v oblacích na Zemi potom, co skončí tisícileté království. Pro ty duše, které jsou spasené, to bude soud odměn, pro ty, které spasené nejsou, to bude odsouzení k trestu.

Život po smrti pro duše, které nejsou spasené

Ti, kdo nepřijali Pána a ti, kdo vyznali svou víru v něho, ale nebyli spaseni, budou po své smrti vzati dvěma posly pekla. Zůstanou po tři dny na místě podobném veliké jámě, aby se připravili na život v dolním podsvětí. Čeká je pouze strašlivá bolest. Po třech dnech budou přemístěni do dolního podsvětí, kde obdrží příslušné tresty podle svých hříchů. Dolní podsvětí, které náleží peklu, je tak rozlehlé jako nebe, a existuje v něm mnoho různých míst k pojmutí duší, které nejsou spaseny.

Až do doby, než dojde k velikému soudu u bílého trůnu, zůstávají duše v dolním podsvětí a podstupují nejrůznější tresty. Mezi tyto tresty patří roztrhání hmyzem nebo zvířaty či mučení, které provádějí poslové pekla. Po velikém soudu u bílého trůnu půjdou duše buď do hořícího jezera nebo do sirného jezera (také známého jako jezero, kde hoří síra) a podstoupí věčné utrpení (Zjevení 21:8).

Trest v hořícím jezeře a jezeře, kde hoří síra, je nesrovnatelně bolestnější než trest v dolním podsvětí. Pekelný oheň je nepředstavitelně horký. Jezero, kde hoří síra, je sedmkrát rozpálenější než hořící jezero. Je určeno pro ty lidi, kteří se dopustili neodpustitelných hříchů jako například rouhání a postavení se proti Duchu svatému.

Jednou mi Bůh ukázal hořící jezero a jezero, kde hoří síra.

Místa jsou nekonečná a naplněná něčím podobným páře, která vychází z horkých pramenů a lidé se dali jen nezřetelně zahlédnout. Některé šlo vidět od hrudi nahoru a jiní byli ponořeni v jezeře až po krk. V hořícím jezeře se svíjeli a ječeli, ale v jezeře, kde hoří síra, byla bolest tak převeliká, že se nedokázali ani svíjet. Měli bychom věřit, že tento neviditelný svět jistě existuje a žít podle Božího slova, abychom s jistotou obdrželi spasení.

Jako se slunce a měsíc liší svou září

Při objasňování našeho těla po vzkříšení apoštol Pavel řekl: *„Jiná je záře slunce a jiná měsíce, a ještě jiná je záře hvězd, neboť hvězda od hvězdy se liší září"* (1 Korintským 15:41).

Záře slunce se vztahuje na slávu danou těm, kteří zcela zavrhli své hříchy, stali se posvěcenými a byli na této zemi věrní v celém Božím domě. Záře měsíce se vztahuje na slávu udělenou těm, kteří nedosáhli úrovně záře slunce. Záře hvězd je dána těm, kteří toho dosáhli ještě méně než ti, kdo mají záři měsíce. Také, zrovna jako se hvězda od hvězdy liší září, každý obdrží jinou slávu a odměny, třebaže každý může vstoupit do příbytku stejné úrovně v nebi.

Bible nám říká, že v nebi obdržíme odlišnou slávu. Nebeské odměny a příbytky se budou lišit v závislosti na tom, do jaké míry zavrhujeme hříchy, do jaké míry máme duchovní víru a jak věrní jsme byli Božímu království.

Nebeské království má mnoho příbytků daných každému podle jeho míry víry. Ráj budou obývat ti, kdo mají nejmenší míru víry. První nebeské království je na vyšší úrovni než ráj a druhé nebeské království je lepší než první. Třetí nebeské království je lepší než druhé. Ve třetím nebeském království se nachází město nový Jeruzalém, kde je Boží trůn.

Nebe nelze srovnávat se zahradou Eden

Zahrada Eden je tak překrásným místem plným pokoje, že s ní nelze srovnávat ani to nejkrásnější místo na zemi, ale zahradu Eden nelze ani přinejmenším srovnávat s nebeským královstvím. Štěstí pociťované v zahradě Eden a štěstí pociťované v nebeském království se zcela liší, protože zahrada Eden je ve druhém nebi a nebeské království se nachází ve třetím nebi. Je to také proto, že ti, kdo žijí v zahradě Eden, nejsou skutečné děti, které prošly procesem tříbení člověka.

Dejme tomu, že pozemský život je životem v temnotě bez jakéhokoliv světla, potom se život v zahradě Eden podobá životu s lampou a život v nebi je podobný životu s jasným elektrickým osvětlením. Než byla vynalezena elektrická žárovka, používaly se lampy, které byly dost tlumené. Přece však představovaly něco cenného. Když lidé poprvé uviděli elektrické osvětlení, byli ohromeni.

Bylo již také zmíněno, že různé nebeské příbytky budou lidem dány podle míry jejich víry a srdce ducha, které tříbili během svého pozemského života. A každý nebeský příbytek se významně liší od jiného svou slávou a štěstím, které zde lidé zakoušejí. Pokud překročíme úroveň pouhého posvěcení, abychom byli věrní v celém Božím domě, a staneme se zcela duchovním člověkem, můžeme vejít do města nového Jeruzaléma, kde se nachází Boží trůn.

Nový Jeruzalém, nejlepší dar pro skutečné děti

Jak řekl Ježíš v Janovi 14:2: „*V domě mého Otce je mnoho příbytků,*" ve skutečnosti je v nebi mnoho příbytků. Je zde město nový Jeruzalém, které je sídlem Božího trůnu, zatímco se zde nachází také ráj, který je místem určeným pro ty, kteří stěží získali spasení.

Město nový Jeruzalém, rovněž nazývané ‚město slávy', je nejkrásnějším místem mezi všemi nebeskými příbytky. Bůh chce, aby každý nejenom došel spásy, ale také vešel do tohoto města (1 Timoteův 2:4).

Zemědělec nedokáže svým hospodařením získat pouze pšenici té nejlepší kvality. Podobně ne každý, kdo projde tříbením člověka, z něho může vyjít jako skutečné Boží dítě, které je neporušeného ducha. A tak pro ty, kteří nejsou oprávněni vejít do města nového Jeruzaléma, Bůh připravil mnoho příbytků počínaje rájem přes první, druhé a třetí nebeské království.

Ráj a nový Jeruzalém jsou od sebe tak odlišné, jako se od sebe liší rozbitá chatrč a královský palác. Stejně jako rodiče by rádi dali svým dětem ty nejlepší možné věci, Bůh chce, abychom se stali jeho opravdovými dětmi a sdíleli s ním všechny věci v novém Jeruzalémě.

Boží láska není omezená na určitou skupinu lidí. Je určena všem těm, kteří přijmou Ježíše Krista. Avšak nebeské příbytky a odměny, a přidělená míra Boží lásky se budou lišit podle míry posvěcení a věrnosti každého.

Ti, kdo jdou do ráje, prvního nebeského království nebo druhého nebeského království, nezavrhli ještě zcela své tělo, a nejsou skutečnými Božími dětmi. Zrovna jako malé děti nemohou pochopit všechno o svých rodičích, je pro ně obtížné porozumět Božímu srdci. Proto je to také Boží láska a spravedlnost, že Bůh připravil různé nebeské příbytky podle míry víry každého. Zrovna jako je nejpříjemnější postávat s přáteli stejné věkové skupiny, je pro nebeské občany mnohem pohodlnější a příjemnější shromáždit se s těmi, kdo mají podobnou úroveň víry.

Město nový Jeruzalém je rovněž důkazem toho, že Bůh získal tříbením člověka dokonalé ovoce. Dvanáct základních kamenů města dokazuje, že srdce Božích dětí, které vstoupí do města, jsou tak krásná jako tyto vzácné drahé kameny. Perlová brána dokazuje, že ty děti, které jí projdou, tříbily schopnost snést utrpení, zrovna jako mušle produkují perly díky schopnosti snést utrpení.

Jak procházejí perlovými branami, připomínají si doby své trpělivosti a vytrvalosti, aby došly do nebe. Když kráčejí po zlatých ulicích, připomínají se jim cesty víry, kterými prošly na této zemi. Velikost a výzdoba domů udělených každému, jim bude připomínat, jak hodně milovali Boha a jak vzdali Bohu slávu svou vírou.

Ti, kdo mohou vstoupit do města nový Jeruzalém, mohou hledět Bohu tváří v tvář, protože tříbili své srdce jako čistý a překrásný křišťál a stali se skutečnými Božími dětmi. Budou jim rovněž sloužit četní andělé a budou žít v neutuchajícím štěstí a radosti. Je to tak bouřlivé a svaté místo přesahující jakékoliv lidské představy.

Zrovna jako máme na zemi k dostání nejrůznější knihy, v nebi jsou také nejrůznější knihy. Je zde kniha života, ve které jsou zapsána jména těch, kdo jsou spaseni. Existuje také vzpomínková kniha, ve které se píše o věcech, které se navěky připomínají. Má zlatou barvu a vznešené a královské vzory na obalu, a tak si člověk může snadno povšimnout, že je to kniha veliké hodnoty. Detailně zaznamenává, které osoby dělaly jaké věci a v jakých situacích a důležité části jsou zaznamenány také na videu.

Například zaznamenává takové události jako Abrahamovo obětování jeho syna Izáka jako zápalné oběti, Elijášovo seslání ohně z nebe, Danielovu ochranu ve lví jámě a neublížení Danielovým třem přátelům v ohnivé peci, čímž vzdává Bohu slávu. Bůh si vybírá konkrétní, vzácný den, aby otevřel část knihy a představil obsah lidem. Boží děti mu šťastně naslouchají a vzdávají Bohu slávu chválami.

Také ve městě nový Jeruzalém se bude konat neustále mnoho hostin včetně hostin pořádaných Bohem Otcem. Existují hostiny pořádané Pánem, Duchem svatým, a také takovými proroky jako je Elijáš, Henoch, Abraham, Mojžíš a apoštol Pavel. Ostatní věřící mohou rovněž pozvat ostatní bratry ke konání hostin. Hostiny jsou vrcholem radosti nebeského života. Je to místo, kde se dá vidět a zažít hojnost, svoboda, krása a sláva nebe na první pohled.

Dokonce i na této zemi se lidé krášlí, aby vypadali co nejlépe, a užívají si jídlo a pití na velkých hostinách. V nebi je to stejné. Na nebeských hostinách se andělé předvádějí písněmi a tancem a hrají různou hudbu. Boží děti mohou při hudbě také zpívat a tančit. Místo je naplněno překrásným tancem a zpěvem a zvukem šťastného smíchu. Probíhají zde radostné konverzace s bratry ve víře sedícími okolo stolů nebo se mohou Boží děti pozdravit s praotci víry, se kterými se vždy toužily setkat.

Pokud jsou pozváni na hostinu pořádanou Pánem, věřící se zkrášlí s veškerým svým úsilím jako ty nejkrásnější nevěsty Pána. Pán je náš duchovní ženich. Když Pánovy nevěsty dosáhnou přední strany Pánova zámku, dva andělé je pokorně přijímají z každé strany brány, která září zlatými světly.

Hradby zámku jsou ozdobeny nejrůznějšími drahými kameny. Vrchol hradeb je zkrášlen překrásnými květinami a tyto květiny vydávají jemnou vůni pro Pánovy nevěsty, které zde zrovna dorazily. Přitom, jak přicházejí k zámku, mohou slyšet zvuk hudby, která se dotýká i té nejhlubší části jejich ducha. Vnímají štěstí a pokoj spolu se zvukem chval a jsou hluboce pohnuty jejich díky, přičemž myslí na lásku Boha, který je dovedl na toto místo.

Přitom, jak kráčí zlatou ulicí do hlavní budovy Pánova zámku vedeni anděly, jejich srdce se radostně třepotá. Zatímco se blíží k hlavní budově, mohou vidět Pána, který vyšel ven, aby je přijal. Jejich oči jsou neprodleně zality slzami, ale nyní běží k Pánu, protože se s ním chtějí co nejdříve setkat.

Pán je jednoho po druhém obejme s tváří naplněnou láskou a soucitem a se široce otevřenou náručí. Vítá je slovy: „Pojďte! Mé překrásné nevěsty! Vítejte!" Věřící, kteří jsou vřele vítáni Pánem, mu děkují z celého svého srdce slovy: „Velmi děkujeme za pozvání!" Zrovna jako ti, kteří spolu hluboce sdílejí svou lásku, procházejí se i věřící ruku v ruce s Pánem a jen pozorují věci okolo a rozmlouvají s ním, po čemž tak hodně toužili na této zemi.

Život ve městě nový Jeruzalém, život s trojjediným Bohem, je naplněn láskou, radostí, štěstím a potěšením. Můžeme se Pánu dívat tváří v tvář, být v jeho lůně, cestovat s ním a radovat se s ním z mnoha věcí! Jak šťastný je to život! Abychom si užívali takového štěstí, musíme se stát svatými a dosáhnout ducha a kromě toho neporušeného ducha, který se zcela podobá srdci Pána.

Proto pojďme s touto nadějí rychle dosáhnout neporušeného ducha, obdržet požehnání v podobě toho, že se nám bude ve všem dobře dařit a budeme zdraví, stejně jako se bude dařit naší duši a později budeme co nejblíže Božímu trůnu ve slavném městě nový Jeruzalém.

O autorovi:
Dr. Jaerock Lee

Dr. Jaerock Lee se narodil v roce 1943 v Muanu, v provincii Jeonnam, v Korejské republice. Ve svých dvaceti letech trpěl Dr. Lee po dobu sedmi let rozmanitými nevyléčitelnými chorobami a očekával smrt bez jakékoliv naděje na uzdravení. Jednoho jarního dne v roce 1974 ho jeho sestra odvedla na církevní shromáždění, a když poklekl, aby se pomodlil, živý Bůh ho okamžitě uzdravil ze všech jeho nemocí.

Od chvíle, kdy se skrze tuto úžasnou zkušenost Dr. Lee setkal s živým Bohem, začal Boha upřímně milovat celým svým srdcem a v roce 1978 byl povolán k tomu, aby se stal Božím služebníkem. Vroucně se modlil a nesčetněkrát držel spolu s modlitbami půst, aby mohl jasně porozumět Boží vůli, cele ji vykonávat a být poslušný Božímu slovu. V roce 1982 založil v Soulu, v Jižní Koreji, církev Manmin Central Church, kde se koná nesčetné Boží dílo včetně nadpřirozených uzdravení, znamení a zázraků.

V roce 1986 byl Dr. Lee při výročním shromáždění církve Jesus' Sungkyul Church of Korea ustanoven pastorem a o čtyři roky později, v roce 1990, začala být jeho kázání vysílána prostřednictvím rozhlasových stanic the Far East Broadcasting Company, the Asia Broadcast Station a the Washington Christian Radio System v Austrálii, Rusku, na Filipínách a v mnoha dalších zemích.

O tři roky později, v roce 1993, byla církev Manmin Central Church vybrána časopisem *Christian World* (USA) mezi „50 nejpřednějších církví na světě" a Dr. Lee obdržel od fakulty Christian Faith College na Floridě čestný doktorát z teologie. V roce 1996 získal za svou službu od semináře Kingsway Theological Seminary v Iowě titul Ph. D.

Od roku 1993 převzal Dr. Lee vedení světové misie prostřednictvím mnoha zahraničních cest do amerických měst Los Angeles, Baltimoru a New Yorku, dále na Havaj, do Tanzánie, Argentiny, Ugandy, Japonska, Pákistánu, Keni, na Filipíny, do Hondurasu, Indie, Ruska, Německa, Peru, Demokratické republiky Kongo a do Izraele.

V roce 2002 byl většinou křesťanských novin v Koreji kvůli své mocné službě na rozmanitých zahraničních kampaních nazván „celosvětovým evangelistou." ‚Kampaň v New Yorku 2006', která se konala v Madison Square Garden, nejznámější hale na světě, se vysílala 220 národům a na ‚Sjednocené kampani v Izraeli 2009' pořádané v ICC (International Convention Center) v Jeruzalémě prohlašoval, že Ježíš Kristus je Mesiáš a Spasitel. Jeho kázání se vysílají přes satelit včetně GCN TV 176 národům a v žebříčku se podle populárního ruského křesťanského časopisu In Victory a nové zpravodajské agentury Christian Telegraph za svou mocnou službu v oblasti TV vysílání a za svou zahraniční církevní pastorační službu umístil jako jeden z 10 nejvlivnějších křesťanských vůdců roku 2009 a 2010.

K duben 2017 je církev Manmin Central Church kongregací s více než 120 000 členy. Má rovněž 11 000 poboček po celé zeměkouli včetně 56 domácích poboček a doposud vyslala více než 102 misionářů do 23 zemí včetně Spojených států, Ruska, Německa, Kanady, Japonska, Číny, Francie, Indie, Keni a mnoha dalších.

Ke dni vydání této knihy napsal Dr. Lee 107 knih včetně bestselerů *Ochutnání věčného života před smrtí (Tasting Eternal Life before Death), Můj Život, Má Víra I & II (My Life My Faith I & II), Poselství Kříže (The Message of the Cross), Měřítko Víry (The Measure of Faith), Nebe I & II (Heaven I & II), Peklo (Hell)* a *Boží Moc (The Power of God).* Jeho díla byla přeložena do více než 76 jazyků.

Jeho křesťanské sloupky se objevují v *The Hankook Ilbo, The JoongAng Daily, The Dong-A Ilbo, The Seoul Shinmun, The Korea Economic Daily, The Korea Herald, The Shisa News,* a v *The Christian Press.*

Dr. Lee je v současné době vedoucím mnoha misionářských organizací a asociací včetně: předseda The United Holiness Church of Jesus Christ; stálý prezident The World Christianity Revival Mission Association; zakladatel & předseda výboru Global Christian Network (GCN); zakladatel & předseda výboru World Christian Doctors Network (WCDN); a zakladatel & předseda výboru Manmin International Seminary (MIS).

Nebe I & II

Podrobný náčrt úžasného životního prostředí, z kterého se budou těšit nebeští občané a krásný popis různých úrovní nebeských království.

Poselství Kříže

Mocné poselství vyzývající k probuzení všechny lidi, kteří duchovně spí! V této knize najdete skutečnou Boží lásku a důvod, proč je Ježíš jediným Spasitelem.

Peklo

Vážné poselství celému lidstvu od Boha, který si přeje, aby ani jedna duše nepropadla do hloubek pekla! Objevíte nikdy předtím nezjevený popis kruté reality dolního podsvětí a pekla.

Můj Život, Má Víra I & II

Nejvoňavější duchovní vůně vytažená z života, který vykvetl z nepřekonatelné Boží lásky uprostřed temných vln, chladného jha a nejhlubšího zoufalství.

Měřítko Víry

Jaký nebeský příbytek, koruna a odměna jsou pro vás připraveny v nebi? Tato kniha vám poskytne moudrost a vedení, abyste dokázali změřit svou víru, co nejlépe ji tříbit a dozrát v ní.

www.ingramcontent.com/pod-product-compliance
Lightning Source LLC
LaVergne TN
LVHW021940220826
846092LV00010B/1184

* 9 7 9 1 1 2 6 3 0 2 7 6 5 *